JN063473

パーントゥ（沖縄県宮古島市）／仮面をつけ、聖地の泥を頭からかぶった異形の神が集落の厄を祓う

右上から／桟俵神楽（新潟県新潟市）、徳山の盆踊（静岡県榛原郡川根本町）、おわら風の盆（富山県富山市）、ナマハゲ（秋田県男鹿市）、蓮華会・蛙飛び行事（奈良県吉野郡吉野町）、田遊び・鬼会（兵庫県加西市）、伊作太鼓踊（鹿児島県日置市）

右上から／徳丸の田遊び（東京都板橋区）、佐八のかんこ踊り（三重県伊勢市）、ヨッカブイ（鹿児島県南さつま市）

右上から／ケベス祭（大分県国東市）、吉原祇園祭（静岡県富士市）、まないた開き（東京都台東区）、ヨッカブイ（鹿児島県南さつま市）

上から：脚折雨乞（埼玉県鶴ヶ島市）、吉原祇園祭（静岡県富士市）、加勢鳥（山形県上山市）

わたしの旅ブックス
053

# 異界にふれる ニッポンの祭り紀行

大石始

産業編集センター

## はじめに

月明かりだけを頼りに、曲がりくねった峠道を車で走る。前後を走る車はまったくいない。なんだか薄気味悪くて、できるだけ早く通り抜けてしまいたいけれど、シカやイノシシが突然飛び出してきそうで無闇にエンジンを吹かすことができない。

カーナビが指し示す目的地まではもうすぐだ。ウインドウを開けて外に耳を集中させると、カーブの向こうから太鼓の音がかすかに聞こえてきた。

神社の駐車場に車を停め、はやる気持ちを抑えながら一歩ずつ境内へ進む。近づくたびに太鼓の音の輪郭が鮮明になり、祭りの空気が濃くなっていく。頭を下げて鳥居をくぐると、その先では松明に照らし出された村民たちが慌ただしく祭りの準備をしていた——。

そこに広がっていたのは、普段の暮らしとは異なる非日常の世界であった。日常から少しずつ離れ、非日常に身を浸したときに込み上がってくるゾクゾクするような感覚は、日本各地の祭りを体験した今もなかなか言葉にすることができない。

日本における民俗学の父・柳田國男は非日常と日常の関係を「ハレとケ」という言葉で論じた。ハレとは歳時や祭りなどの非日常を指し、ケは日常を指す。日々のエネルギーが失われることは「ケが枯れる（気枯れ）」ことを意味していて、その回復のために祭りという非日常が必要とされた。

この感覚は、祭りに足を運ぶと実感することができる。祭りの非日常空間に浸っていると、単純な話、生命力がチャージされるような感覚になるのだ。

祭りは時に異界への扉ともなる。その扉から顔を覗かせているのは、動物などの姿を借りた神々かもしれないし、名前も顔も知らない祖霊かもしれないし、あるいはもっと抽象的な「何か」かもしれない。

ただし、私たちは扉の向こう側に行くことはできない。あくまでもその入り口で向こう側の世界を感じ、想像することしかできないわけだが、そうすることで「世界」とはどのようなものか、感覚的に捉えることができる。窮屈で息苦しい現世だけが世界ではない。そう考えるだけで、何か救われるような感覚になるのだ。

だから、僕は祭りに行く。うんざりするような日常に句読点を打ち、生きるためのエネルギーをチャージするため祭りに行くのである。

二〇一六年、僕は『ニッポンのマツリズム　盆踊り・祭りと出会う旅』（アルテスパブリッシング）という著書を出した。この本は東日本大震災前後から各地の祭りや盆踊りにのめり込み、北から南までバタバタと駆け回るようになった数年間のことを書いている。いま読み返すと祭りや盆踊りに対する初期衝動に溢れていて少々照れ臭いところもあるものの、当時の熱量みたいなものが伝わるのではないかとも思う。

本書はそれ以降の旅の記録をまとめたものだ。『ニッポンのマツリズム』のころは祭りや盆踊りの魅力を音楽面から捉えていて、なかでもリズムに強い関心を持っていた。だが、『ニッポンのマツリズム』以降、来訪神や仮面の文化に興味を持つようになり、「異界」がテーマのひとつになった。本書で取り上げている祭りのいくつかにはそうした関心の変化がはっきりと現れている。

なお、本書は民俗学的なフィールドワークの成果というわけではない。フォトグラファーである妻の大石慶子と共に、好奇心の赴くまま各地を旅した結果であり、各地の祭りや踊りを巡るなかで見たもの・感じたことを綴った旅行記のようなものと思っていただければ幸いだ。

祭りという非日常に身を浸すことによって、心と身体は少しだけ軽くなる。これは僕の実体験だから間違いない。ニュースを見ているとうんざりするようなことばかりだけど、祭りの場にいると、少しだけ世界を信じられるような気がする。まだまだこの世は捨てたもんじゃない。そんなかすかな希望を抱くことができるのだ。

異界にふれる
ニッポンの祭り紀行
目次

## 本書で訪れている全国の祭り

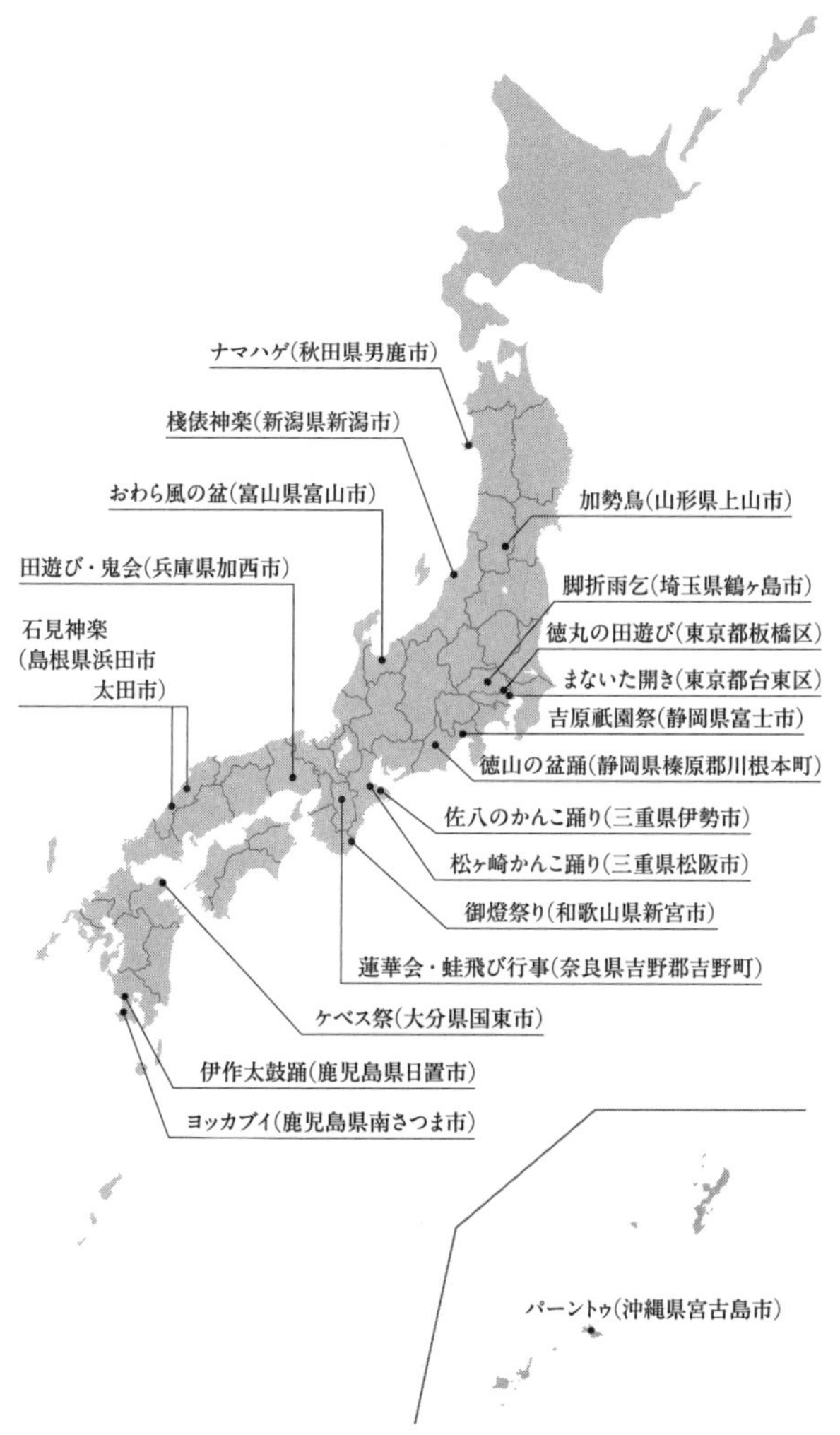

撮影　大石慶子

01

# ナマハゲ

## 恐ろしいけどありがたい男鹿の風物詩

秋田県男鹿市

毎年、冬になると思い出すシーンがある。

粉雪がパラパラと舞う男鹿半島の冬の夜、僕は古びたバンの後部座席に乗っている。前にはナマハゲの面を被った男たちが同乗していて、次の「現場」に向けて静かにテンションを上げている。ふと空を見上げると満天の星空。冷たい男鹿の風を感じながら、僕はナマハゲという民俗行事を体感できていることに、言葉にできない喜びを覚えていた。バンは暗い夜道をずんずん突き進んでいく――。

僕は今もふとした瞬間、あのときの風の冷たさや、黙ったまま車内で座っているナマハゲの異様さ、そして男鹿の夜の暗さを思い出す。祭りの記憶というのは、そうやって当時の感覚と結びつき、いくら時が経過しようとも引き剥がせなくなってしまうものなのだ。

秋田県県央地域・男鹿半島。日本海にぽっこり飛び出した形をしているこの半島を象徴する民俗行事がナマハゲだ。ツノの生えたナマハゲが「悪い子はいねぇが」と家々を周り、ひとたび子供を見つけると恐ろしい声で恫喝する。子供はあまりの恐怖で泣き叫び、その様子を見て大人たちは笑う。ニュース映像などでは見慣れた光景だろうし、僕もまた、そうした映像を見てナマハゲのことを分かった気になっていたところがあった。
だが、ナマハゲの世界は多様で、たかだか三分程度のニュース映像などでは捉えきれない奥深さがあるらしい。そんな話を友人から聞いたのは二〇一六年の秋ごろだった。そもそも男鹿半島自体に関心があったこともあり、急遽ナマハゲを観るため数年ぶりの秋田行きを決めたのだった。

男鹿にナマハゲがやってくるのは大晦日と決まっている。いくら師走であろうともナマハゲがリスケしてくれるはずもなく、ただでさえ忙しい年末にバタバタと現地行きの段取りを進めることになった。もっとも苦戦したのが現地までの足の

真山神社のお札所に置かれているナマハゲ面

確保である。新幹線の指定席や秋田市行き高速バスは軒並み売り切れ。慣れない雪道で車を運転する自信もないため、かろうじて残っていた能代行きの四列シート高速バスを慌てて押さえ、池袋駅西口二二時発のバスに飛び乗った。

到着は一二月三一日の早朝。能代駅で高速バスを降りると、奥羽本線で南下。追分駅で男鹿線（通称「男鹿なまはげライン」）に乗り換えると、電車はゆっくりと男鹿半島の世界に入っていく。乗客は思っていた以上に若い人が多い。年末年始で帰省している人がほとんどなのだろう、みんな一様に大きなスーツケースを抱えている。目的地である羽立駅に到着し、しばらくすると猿田さんが車でやってきた。

男鹿出身の猿田さんは今回の旅のナヴィゲーターである。猿田さんは就学のため上京し、東京で十年ほど生活したあとに帰郷。現在は築七〇年の旧家である自宅の一部を使って「里山のカフェ ににぎ」を営んでいる。

僕と猿田さんはこのときが初対面だった。だが、共通の友人が多く、同い年で、なおかつ同じ時期に都内のクラブ、それも似たような場所で遊んでいたこともあって、初めて会った感じがしなかった。冬の男鹿半島は暗く、常に冷たい風が吹き抜けていたが、猿田さんの運転する車のなかで僕らは九〇年代末の東京のクラブについて熱く語り合っていた。なんだか時空が捻じ曲がるような感じがした。

男鹿の象徴は「男鹿三山」と称される三つの山だ。本山、真山、毛無山。そのうち本山（七一六メートル）と真山（五六七メートル）は地元の人々から「お山」と呼ばれ、修験道の霊場として大切にされてきた。猿田さんの解説と共に眺める本山と真山は、人々の暮らしを見守るような堂々たる風格があった。

猿田さんの自宅はそんな真山のお膝元、真山地区にある。男鹿世界の中心地とも言える地区だけあって当然のごとくナマハゲが継承されていて、猿田さんは「ナマハゲの中の人」でもあった。

猿田さんは僕を自宅に迎え入れると、着いて早々、猿田さんのお母さんが作ってくれた美味しいお雑煮をふるまってくれた。鶏肉のダシがしっかり効いた秋田らしいお味で、冷え切った身体がじわりと温まっていく。ああ、うまい。ため息と共に思わずそんな言葉が漏れた。

ナマハゲとは何なのか。雪国の民俗文化を専門とする民俗学者、鎌田幸男はこう説明している。

冬の寒い時期に仕事もしないで囲炉裏の火に長くあたっていると皮膚に火斑がつく。それはナマミ、ナモミ、ナゴミ等と称され、怠け者や無精者を象徴するものとされた。ナマハゲの語源は、それを剝ぎ取ることを意味したものと解される。出刃包丁のような鋭利なものを持つのはそのためであり、またその剝ぎ取ったナマミを入れる器が手桶であるともいう。また、植物などは冬から春を迎えて新芽を出すが、古い皮を剝ぎ取ることにより新しい芽を出させる、つまり復興や再生のための行為ではないかとする考えもある。

ナマハゲの言動は威圧的で横暴であるが、来訪の目的は懲戒的なことばかりではなく、悪霊を退散させ予祝することでもあった。そして迎える側では福神来訪ということでお膳を供し、座敷に据えて歓待と饗応をするのである。(『ナマハゲ　その面と習俗』所収、鎌田幸男「生きているナマハゲの伝説」)

鎌田の説によると、「ナマミ剝ぎ」という言葉が縮まって「ナマハゲ」になったわけだ。「ナマミ剝ぎ」と書くと生身の肉を剝ぎ取っていくような恐ろしさがあるけれど、「ナマハゲ」だと多少は恐ろしさも薄れるような気がする。また、ナマハゲが手にする巨大なナタとはあくまでも火斑を削り取るためのものであって、ホラー映画のモンスターのように首を搔っ切るためではないらしい。「火斑を剝ぎ取るぞ」と脅すことでなまけものを戒めるわけだが、厳しい冬を乗り越えるためにはそういうことも必要だったのだろう。

ナマハゲに対して恐ろしい鬼のイメージを持っている方は多いはずである。だが、ナマハゲは実は鬼ではなく、「お山」である真山から降りてくる神様なのだという。日本では各地で新年の到来と共に豊穣や幸福をもたらしてくれる年神様の信仰が息づいているが、その年神様が形を伴ったものとも考えられている。

つまり、ナマハゲとは恐ろしい声で子供たちを説教してまわるだけではなく、悪いものを祓い、幸せをもたらしてくれるありがたい存在なのだ。

猿田さんの自宅でしばしの休息をとったあと、夕方前には真山公民館を訪れた。ここが今夜のナマハゲ行事の起点となる場所らしい。すでにいくつかのテレビ局や新聞社が準備を終えていて、今か今かと行事の始まりを待っている。

夕方五時を過ぎたころからジャージ姿の若者がひとり、またひとりとやってくる。「おいーす」と言いながら公民館に入ってくるその姿は、まるで部活のようでもある。猿田さんも彼らとラフな会話を交わしている。

床の間には四つのナマハゲ面が並べられていて、面の前には同じ人数分のお膳が供えられている。ひとりの若者が風呂敷を抱えて入ってくると、慣れた手つきで風呂敷をほどき、小皿をお膳に並べた。公民館の一角にはケデと呼ばれる衣装も用意されている。集落の若者たちは毎年十二月末にな

ナマハゲ面の前に供えられたお膳には刺身や煮豆などが並ぶ

ると、その年に収穫した稲藁でケデと呼ばれる衣装を作り、面の補修をするのだという。

ナマハゲというと、ツノが突き出ていて、今にも噛みつきそうな恐ろしい表情の面を想像することだろう。だが、真山のナマハゲ面にはツノがない。杉の面に銀色と金色の紙が貼り付けられていて、どこか無表情である。

男鹿のなかでも近年新しくデザインされたナマハゲ面は明らかに鬼のイメージを元にしている感じがするけれど、真山のナマハゲ面はどこか得体が知れなくて、話が通じない感じがする。そこが怖い。面は男面と女面の二種が対になっていて、かつてはナマハゲ行事当日以外誰も見ることができなかった。つまり、門外不出だったわけだ。

六時ごろ、いよいよナマハゲ行事の始まりだ。真山地区の青年会長さんがお膳の前に正座すると、お神酒を口に含み、ひとつひとつのナマハゲ面に吹きかけていく。ケデをまとった四人の男たちにそれを手渡すと、それぞれ面を着用する。さっきまで僕と談笑していた猿田さんもまた、面を付けた瞬間、ナマハゲと化す。この後ナマハゲたちは公民館のなかでリハーサルとばかりにひと暴れするのだが、すでにこの段階で怖い。うっかり殴られてしまうんじゃないかという恐ろしさがある。

公民館を出たナマハゲたちは車に乗って真山神社へと向かう。拝殿でお祓いを受け、お神酒をいただいたのち、境内のご神木の前でシコを踏み、大きな声を上げる。

そのようないくつものプロセスを経て、地区の若者たちは少しずつナマハゲという異形の存在へと変容していくのだ。

ナマハゲは二人一組となって地域の家を回る。どなたか亡くなったお宅、赤ん坊が生まれたお宅、新築のお宅には入ってはいけないことになっていて、家に入れてもらえないときは玄関の外で足踏み（カド踏み）をする。なかにはお膳をしっかり用意しているお宅もあり、主人はナマハゲと問答を行うのだが、これがなかなかおもしろい。

「主人、ちゃんとやっているか！」

「やっております。ナマハゲさんのおかげで一年無事に過ごせました、ありがとうございます」

そうやって主人はナマハゲに酒を注ぎ、一年の労を労うのである。その様子を恐る恐る聞いていた子供が無理やりナマハゲの前に引っ張り出され、「お父さんの言うことをちゃんと聞いているか！」と問い詰められる。身体を硬らせていた子供はすぐに我慢できなくなり、大声で泣き始める。大人たちはその光景を見て大笑いする。テレビのニュースで観ていたはずのこうしたワンシーンも、現地で観るとだいぶ印象が違った。

この世界には理屈では説明しきれない領域がある。生と死、この世とあの世、光と闇。対立する関係にあるとされる両者のあいだには曖昧でぼんやりとした領域があって、ナマハゲはそうした領域の住人でもある。インターネットを検索すればあらゆる事象を知ることができると

ナマハゲの大きな声が古民家に響きわたる

される現代において、「理屈では説明しきれない領域」など存在しないとされがちだが、少なくとも男鹿においては存在している。今もこの世とあの世のあいだには曖昧な領域が広がっていて、子供たちはナマハゲ行事を通じてその存在を知ることになるのだ。それも安全が保証された状態で。ギャン泣きする子供たちを見ながら、僕はナマハゲ行事の現代的意義みたいなものを実感していた。

先に出番が終わり、人間に戻った猿田さんと共に車に飛び乗り、次の「現場」へと向かう。雪が降る氷点下の男鹿だけあって、夜風は肌を貫くように冷たい。だが、気持ちが高揚しているためか、あまり寒さを感じない。ふと横を見ると、二体のナマハゲが車内でじっとしている。何か話しかけてはいけないような気がして、思わず目を逸らした。

最後の現場は猿田さんのお宅だった。時刻は九時過ぎ。広間にはすでにお膳が用意されていて、猿田さんの息子くんも緊張の面持ちで座っている。ナマハゲは家に足を踏み入れると、五回シコを踏み、お膳の前にどっしりと腰を下ろした。

はっと息を呑む猿田さんの息子くん。そんな状態の子供に対し、ナマハゲは恐ろしい声でこう詰問するのである。

「おい！　お父さんやお母さんのいうことをちゃんと聞いているか？」

これは怖い。僕ですら泣かずにいれる自信がない。当然のごとく、息子くんは堪えきれずに泣いてしまう。のちほど猿田さんが語ったところによると、息子くんは怖いから泣いてしまったわけではないらしい。なにか思い当たる節があったのか、良心の呵責に耐えられなくなって泣いてしまったようで、猿田さんはその成長を喜んでいた。なるほど、ナマハゲ行事は人が成長するうえでの通過儀礼という側面も持っているのである。

ナマハゲが帰ってしまうと、そこには静かで深い男鹿の夜だけが残された。そこからはナマハゲ用のお膳をツマミに酒盛りである。猿田さんが美味しいお酒を次々に出してくるものだから、すっかり酩酊。年越しのカウントダウンをすることもなく、気づいたら新年を迎えていた。

翌日、真山神社にもほど近い資料館「なまはげ館」を訪れた。ここには男鹿市内各地で実際に使われていたナマハゲ面がずらり揃っている。その数は一五〇枚以上。ひとつひとつ観ていくと、ナマハゲ面がいかに多種多様かよくわかる。なかには鬼らしいものもあれば、木彫りの面に紙を貼っただけのもの、カラフルな色彩が施されたものもある。中石集落の面などは杉の皮を使っていて、馬の尾が髪の毛のように貼り付けられている。こんな面のナマハゲに「ちゃんとやっているか！」などと詰問されたら、思い当たる節の多すぎる僕などは泣きながら平謝りしてしまうだろう。

男鹿半島は一年に一日だけ多種多様な神鬼が行き交う「ナマハゲの国」でもあった。今も目をつぶると、どこからかナマハゲたちの呻き声が聴こえてくるような気がする。

参考文献
『ナマハゲ その面と習俗』（日本海域文化研究所）

# 加勢鳥（かせどり）

02

異形の人々が踊る羽州の奇習

山形県上山市

カッカーのカッカッカー　カッカッカーのカッカッカー
望の年の祝いは 加勢鳥、加勢鳥、お祝いだ
カッカッカーのカッカッカー　カッカッカーのカッカッカー
五穀豊穣、火の用心　五穀豊穣、火の用心

そんな掛け声と共に、藁で上半身をすっぽり覆った人々が軽やかにステップを踏む。その動きはどこかフォークダンス的で、ユーモラスですらある。ぴょんぴょんぴょん、ぴょんぴょんぴょん。

大勢の観客が彼らの動きを見つめ、カメラマンたちはシャッターチャンスを狙っている。僕も最初は真剣な眼差しでその所作を見つめていたものの、次第に表情が緩んできてしまう。これは神聖でシリアスな神事のようなものではないのだ。もう少し大らかで朗らかな、かといってただのイヴェントではない何か。その証拠に、藁の中の男たちからは時たま「あはは」と笑い声が漏れてくる。

掲げられた幟に記されているのは「奇習 加勢鳥」という文字。「奇祭」「奇習」という

表現は他所の風習を斜めから嘲笑しているような感じがあってあまり好きではないけれど、みずからそう名乗っているわけだから今回ばかりはいいだろう。

約五六〇年前に開湯したとされる歴史ある温泉地、かみのやま温泉（山形県上山市）に伝わる「奇習」、加勢鳥のワンシーンである。

加勢鳥は毎年二月一一日に行われる小正月の行事だ。新年を迎えると、歳神がやってきて家々に福をもたらすという信仰が各地に息づいているが、加勢鳥もその一種である。遠方からやってきて、やがて去っていく歳神さま。上半身を覆う蓑は納豆みたいだが、安彦好重『山形のまつり』による

軽やかにステップを踏む加勢鳥たち

と、「蓑のようなものを着ているのは神の旅装で、遠い国からはるばる来たことを意味し、朝未明に訪れるのもそのためである」らしい。

加勢鳥は五穀豊穣や商売繁盛をもたらしてくれるだけではない。火伏せ、すなわち火災を防いでくれる神様でもある。上山で手にしたパンフレットには「江戸時代の大火の際、火喰い鳥が空を舞い類焼させたように見えたことから、鳥に水をかける加勢鳥には火伏せの意味が込められている」とも書かれている。

現在のように消防に関する技術やシステムが整備される前、各地の都市部は大火によってたびたび壊滅的なダメージを受けた。そんな時代、各地で火伏せの行事が行われていた。当時そうした行事は確かなリアリティーを持っていたのだ。

なお、明治半ばまでは東北各地で加勢鳥に似た行事が行われていたという。カッカドリ、カセギドリ、カセドリウチなど地域によって呼び名が異なり、柳田國男の『遠野物語』にも「カセギドリ」の描写がある。また、東北から遠く離れた佐賀県佐賀市蓮池町の見島地区でもカセドリが行われている。なぜ飛び地のように九州の地に加勢鳥の文化が伝えられたのだろうか。実におもしろい話である。

二〇一六年二月一〇日、上野発の山形新幹線に乗車し、二時間半もするとかみのやま温泉駅に到着した。東京から福島まではまったく雪が降っていなかったものの、福島から西へ進路を変え、米沢市に入るころには一面の雪景色。少し進むごとに世界がガラッと変わる東北のダイナミズムに驚かされる。

かみのやま温泉駅の駅前には粉雪がハラハラと舞い散っていた。タクシーの運転手に聞いたところ、上山でもふだんは一メートルほどの雪が降り積もるそうだが、この年は暖冬だったため例年に比べれば積雪量も少ないとのこと。雲の切れ間からは青空が顔を覗かせていて、とても気持ちのいい天候だ。

暖冬というのは加勢鳥にとって最高にラッキーなことでもある。「加勢鳥にとって」というよりも、「加勢鳥の中に入る人々にとって」と言ったほうが正しいだろう。加勢鳥は半裸に蓑を被った格好で行われ、しかも沿道からジャブジャブと水をかけられるのである。「今年は暖かいから、加勢鳥さんたちも喜んでるんじゃないですかねえ」というタクシー運転手の言葉の意味を僕は後から知ることになる。

かみのやま温泉は東山温泉、湯野浜温泉とともに、奥羽三楽郷と呼ばれている。かつては上山城の城下町として賑わい、その風情を今も残している。また、上山は蔵王への信仰登山の入り口でもあった。城下町であり、修験の通過する地ということは、一言でいえば多種多様な人々が行き交う地ということでもある。

夕方四時前には予約していた温泉旅館にチェックインする。スタッフはみな親切、夕食・朝食ともにとても美味しい。浴場は小さいものの雰囲気があり、ちらちらと舞い散る雪を眺めながらの露天風呂は最高だった。

祭り取材の場合、開催地の周辺に宿泊施設がなければ車中泊をすることもあるし、漫画喫茶やカプセルホテルで寝ることもあるけれど、たまにはこんな旅もいい。いや、むしろ毎回こんな旅がいい。

加勢鳥はいつごろ始まったのだろうか。

そのルーツとされるものに「御前加勢」「町方加勢」がある。御前加勢は寛永年間（一六二四〜一六四四年）に始まったとされ、毎年旧正月の十三日、高野村の若衆三人が上山城の御前で加勢鳥を披露したものが源流とされている。

一方、町方加勢は周辺の村々から集まった若者が城下町の街角で行うもので、「町人たちは火伏せや商売繁盛を祈願してご祝儀を出し、酒や切り餅を振る舞った」（加勢鳥パンフレット）という。どちらも現在と同じように藁で編んだケンダイを被っていたと思われ、沿道の人々は彼らに水をかけることで火伏せと商売繁盛を祈願した。

ただし、こうした加勢鳥の風習は明治期には廃れてしまったようだ。再開したのは昭和三四（一九五九）年。上山町や西郷村、本庄村など複数の町村が合併し、上山市が誕生すると、市としての一体感を生み出すために加勢鳥を再開することになった。だが、風習が途絶えてからかなりの年月が経過していたため、復活は簡単なことではなかった。加勢鳥を実際に観たことがあるわずかな古老と郷土史家の話をもとに、想像力をフル稼働しながらの再生だった。結局、その段階では継続的な開催とはならなかったようだ。

本格的な復活となったのは、上山市民俗行事加勢鳥保存会が結成された昭和六一（一九八六）年のことだ。加勢鳥はもともと踊りがついておらず、ケンダイを被った人々が街を練り歩くだけだったというが、保存会は秋田県仙北市田沢湖の劇団わらび座と共に踊りを創作した。フォークダンスのようなあのステップは近年の創作だったわけだ。

近年ではインターネットを通じ、加勢鳥の中に入る一般参加者や囃子を担当する火勢太鼓のメンバーも募集している。外部からの参加者を積極的に受け入れ、観光資源としても活用するそのスタンスは実に逞しいものだ。

東北では加勢鳥に類似した伝統行事が各地で行われていたわけだが、その多くは現在では途絶えてしまった。その一方で、変化を受け入れながら継続の道を探ってきた上山の加勢鳥は近年注目を集めており、メディアで紹介される機会も増えている。

地域の風習をどのように伝えていくべきか。この問題はそう簡単に答えが出るものではないけれど、加勢鳥はひとつの成功例を示しているとも言えるだろう。

二月一一日、加勢鳥の当日である。今日も天気は晴天。前日舞い散っていた粉雪すら降っていない。絶好の好天ではあるものの、路面はツルツル。気を抜いていると、凍りついた路面に足を取られてしまいそうだ。

九時四〇分ごろ、祈願式が行われる上山城正門前広場に到着。ブースでは加勢鳥グッズが多数販売されている。Tシャツ、手ぬぐい、缶バッヂ、手作りストラップ。加勢鳥自体ゆるキャラみたいな雰囲気があるので、グッズ展開しやすいこともあるのだろう。どれもかわいくて、思わず手が伸びてしまう。また、甘酒を無料で配っていて、寒い朝にはこれがありがたい。

こうしたグッズの販売や甘酒の配布、飲食物の販売は地元の人々が中心となったボランティアチームが支えている。スタッフは若い世代も多く、加勢鳥を通して上山を盛り上げていこうという気概に満ちている。

祈願式は一〇時ちょうどからスタート。神官の祝詞、市長らの挨拶のあと、保存会会長から参加者三四名が紹介される。そのなかには男性だけでなく、数名の女性と外国人も含まれる。誰もが晴れやかな表情をしていて、観ているこちらにも彼らのワクワクが伝わってくる。

一〇時四五分ごろから上山城正門前広場を舞台に加勢鳥の演舞が披露される。カッカッカッカーのカッカー、カッカッカーのカッカッカー。抜けるような青空と雪化粧をした正門前広場という最高のロケーションのもと、ケンダイを被った若者たちがぴょんぴょんと跳ね回る。

観ているぶんには楽しそうだが、ケンダイは四キロから六キロほどの重さがあり、水を含むと十キロを越えるという。

足は雪草履。ケンダイから伸びる生足が実に寒そうだ。雪や雨が降りしきるなかで加勢鳥が行われることもあるそうで、そうした年に比べれば晴天に恵まれたこの年はまだ楽なほうなの

手には「奇習 加勢鳥」と書かれた幟

だろう。とはいえ、こちらはダウンジャケットでフル装備しているわけで、「今年は楽でよかったですね」などと言ったら加勢鳥たちから「だったらお前もケンダイを着てみろ！」と怒られそうではあるけれど。

一一時ごろから加勢鳥行列の出発となる。加勢鳥たちの横にはご祝儀を入れる銭さし籠を持った人がいて、祝儀を入れると、古峯神社の火伏せのお札をもらえる仕組みになっている。

沿道の人々は加勢鳥たちにジャブジャブと水をかける。これは祝いの水であって、加勢鳥たちにとってもありがたいことではある。だが、柄杓で遠慮がちに水をかける人ばかりではない。子供たちなどはバケツで大量の水をぶちまけることもある。「ちょ、ちょ、お前ら……」という加勢鳥の声を僕は聞き逃さなかった。

だが、そうやって水をかけられ続けることで、人々は日常から脱し、加勢鳥という神に化していくのであ

手と足は剥き出しになっていて、とても寒そう

る。

この加勢鳥、どのような人たちが、どのような目的で参加しているのだろうか。中心となるのは保存会の会員と例年参加している地元の人々。ただし、近年は外部からの参加も一定数受け入れており、先述したように海外からの参加希望も少なくない。

上山の中心部をぐるぐる回っているうちに、僕は加勢鳥たちの気持ちが少しわかるような気がしてきた。ケンダイに身を包み、ぴょんぴょんと跳ね回るその姿が、単純に楽しそうなのだ。回っていくうちに加勢鳥たちの中に友情のようなものが育まれていることもわかる。

「いやあ、寒いですねえ」

「でも、今年はまだいいほうですよ」

「そうなんですか。私は今回初めて参加したので……」

そんな会話が自然と交わされている。

ぴょんぴょんと跳ねているうちに先ほどまで鳥肌で覆われていた加勢鳥たちの肌は紅潮

し、どの表情も生き生きとしている。加勢鳥たちの後を追いながら、僕もいつしか彼らの仲間に入りたくなっていた。

カッカッカーのカッカッカー、カッカッカーのカッカッカー。

見よう見まねで僕もステップを踏んでみる。足元にケンダイから抜けた藁が落ちているので手に取ってみると、藁は水分をたっぷり含んでいて、じっとりとしている。藁は神霊が依り憑く依代ともされていて、ケンダイから抜け落ちた藁で髪を結うと、髪が美しくなるとされている。僕はそれをズボンのポケットに捩じ込むと、次の目的地に向かう加勢鳥たちの後を追いかけた。


参考文献

安彦好重『山形のまつり』(日本文化社)

『加勢鳥パンフレット』(上山市観光物産協会)

重森洋志『東北お祭り紀行』(無明舎出版)

「ミノをかぶって、鳥になる! 山形の奇習『加勢鳥』に外国人も熱視線」(Jタウンネット)

# 03 桟俵神楽（さんばいし）

## 野菜で作られた獅子頭に農村のクリエイティヴィティを見る

新潟県新潟市

獅子舞は全国各地で行われているけれど、もしも獅子舞のゆるキャラ的なかわいさを競い合うコンテストがあったとしたら、僕は新潟県新潟市の桟俵神楽を推すことだろう。

ここの獅子頭は本当にかわいい。愛嬌があって、アニメに出てきそうな感じだ。しかもほとんどのパーツが野菜や植物でできている。目はナス、鼻はカボチャ、髪の毛はクマビエ。いずれも桟俵神楽が行われている集落で取れるものが使われている。

もちろん、腕の確かな職人が作った芸術的な獅子頭は素晴らしい。僕も近くで見て惚れ惚れとしたことは一度や二度ではないけれど、地域住民のイマジネーションが炸裂した桟俵神楽の獅子頭には農民ならではの逞しさと遊び心、そして素朴な芸術性があって、なんともグッときてしまうのである。

信濃川と阿賀野川、その間を繋ぐ小阿賀野川に囲まれた一帯のことを「亀田郷」と呼ぶ。新潟の市街地ともほど近いこの地域は見渡す限りの田畑が広がっていて、秋ともなると大地一面を覆う稲穂が頭を垂れる。

こうした光景は古くから広がっていたわけではない。海抜〇メートル以下の低湿地である亀田郷は、かつて芦が生い茂る泥田ばかりの地だったという。人呼んで「地図にない湖」。そのため河川の決壊による水害に苦しみ、なかでも大正二（一九一三）年八月に起きた「木津切れ」と呼ばれる大洪水は、亀田郷一帯に甚大な被害をもたらした。

木津はそんな亀田郷の一地域にあたる。木津には上・中・下と三つの集落があり、なかでも下木津は水害の被害が多く、古くは他の集落と比べてもひときわ貧しい生活を強いられたという。

現在は、毎年九月の第二土・日、「木津まつり」の一環として行われる棧俵神楽は、下木津

まるで笑っているかのような棧俵神楽の獅子頭

の賀茂神社に奉納される芸能だ。

その始まりは明治三〇（一八九七）年ごろと伝えられている。亀田郷では木津切れが契機のひとつとなって河川の改修工事が進められ、以降段階的に整備が進められてきたが、明治三〇年ということはまだまだこの地が「地図にない湖」だったころの話だ。

桟俵神楽にまつわる物語は、映画や小説のテーマにもなりそうなほどユニークなものだ。下木津に隣接した上木津集落と中木津には古くから神楽が伝えられていたものの、下木津の賀茂神社にはそうした芸能がなかった。そのため、氏子の若者たちは不満を抱えていたという。秋祭りが近づくと、彼らは集落の有力者や氏子の役員に「うちでも神楽をやりましょうよ！」と訴えていたというが、神楽をやるとなるとなんだかんだと金がかかる。貧しい下木津集落には厳しい話だった。

明治三〇年ごろの秋祭りの夜、フラストレーションを溜めた若者のひとりがついに立ち上がった。桟俵（さんだわら）二枚と蚊帳を手にすると、それを獅子頭に見立てて滑稽な舞を披露したのだ。氏子たちは爆笑。以降、その素朴な舞は余興の一種として続けられ、のちに桟俵神楽の原点となった――。

「組織やコミュニティーにイノベーションをもたらすのは若者・バカ者・よそ者」などといわれることがあるけれど、この場合はその条件のうち二つを満たした男が下木津に新たな伝統を生み出したのだ。

なお、桟俵とは米を詰める俵の両端のふたのこと。当時の農家にはどこでもあったそうで、そうした農具を即興的に使って新たな芸能を生み出したところにもクリエイティヴィティを感じさせる。

だが、そうした素朴な舞でさえ、たびたび下木津に押し寄せる洪水によって途絶えてしまう。それでも下木津の若者たちは諦めない。彼らは厳しい暮らしのなか、桟俵と蚊帳の神楽をよりグレードアップする方向に突き進むのだ。

二枚の桟俵は口となり、ナスは目に、カボチャは鼻に、クマビエは髪の毛に、唐竹を組み合わせて金紙を貼り付けたものは歯となった。金がないのなら、あるもので始めればいいじゃないか。フランスの文化人類学者、クロード・レヴィ＝ストロースが説いたブリコラージュの思想をここに重ね合わせたくなってしまう。現在も伝えられている桟俵神楽の獅子頭には、当時の若者たちの精神が受け継がれているのだ。

二〇一六年九月四日。東京の残暑はまだまだ厳しいけれど、新潟ならば多少は涼しいはずだ。いや、そうであってほしい。そんな淡い期待は、新潟駅に着いた瞬間に裏切られてしまった。抜けるような青空、肌を刺すように強い日差し。自分の身体がアイスクリームのようにどろどろと溶けてしまいそうになる。

新潟駅から最寄りの荻川駅までは信越本線に乗って一七分。荻川駅はタクシー乗り場などない小さな駅のため、荻川駅から賀茂神社までは徒歩で向かう。その時間、約二五分。炎天下のため自転車はおろか、人っこひとり歩いていない。自動販売機で買ったスポーツドリンクはあっという間になくなり、全身から汗が噴き出す。

やっとのことで賀茂神社に着くと、神社の本殿で関係者と思われる人々がいたので挨拶代わりに声をかけた。

「お邪魔します、桟俵神楽を拝見しに伺いました」

「おお、そうか。今ね、メシ食べて昼寝してるとこ！」

そう指差す方向に目をやると、棧俵神楽の獅子頭が二体、本殿の一角に鎮座している。なんとも愛嬌のある表情で、暑さにまいってクールダウンしているようにも見える。これほどチャーミングな獅子頭は日本でもここだけだろう。

午前中の奉納舞はすでに終了しており、午後までは少し時間があるとのことで、近所のコンビニまで水を買いに行くことにした。

近くの集会所では子供と親たちが奉納舞に向けた準備をしていた。子供たちは「子供祭りクラブ」と書かれた揃いのTシャツを着ていて、それがまたかわいらしい。水を買い、ふたたび集会所の前を通ると、ちょうど保存会の面々や子供たちが賀茂神社に向かって出発するところだった。僕らも彼らを追って賀茂神社へと向かう。

保存会の大人たちと子供たちはそれぞれの獅子頭を手にしている。大人が持っているのは親神楽、子供が持っているのは子神楽。彼らは「五穀豊穣、家内安全、交通安全」という垂れ幕のかかる鳥居をくぐると、「御神燈」と書かれた提灯に先導されて境内へ入っていく。ＢＧＭとなるのは篠笛と太鼓、掛け声による囃子だ。

本殿のなかでは神主による祝詞やお祓い、保存会の人たちによる玉串奉納が行われる。外では蟬の鳴き声が響き渡っている。

保存会会長の挨拶などを経て、神楽奉納の始まりとなる。大人神楽には二人の男が入り、一人は獅子頭を、もう一人はサポート的に獅子舞の胴体部分にあたる油単(ゆたん)をさばく。獅子頭を担当するものは獅子頭をすっぽり被りながら、手には錫杖(しゃくじょう)と大幣(おおぬさ)を持って舞う。どうやって頭を支えているのかと思ったら、頭の中に渡した棒を口で噛んでいるのだという。

囃子に合わせて手作りの獅子が舞う姿はやはりチャーミングだ。髪を模したクマビエがふるふると震えると、得体のしれないケモノのような雰囲気が出てくる。本殿の畳を這うような動きは、どことなく猫や犬も連想させる。

子供神楽に入るのは四人の子供たち。大人神楽のスムースな動きとは比べるまでもなく、どことなくぎこちない。子供たちはなかで「早く回れよ!」などと喧嘩しながら必死に舞っている。大人たちもまた、その光景を微笑ましく見つめている。

ふと横を見ると、子供神楽を観ている少年の一人が太鼓のリズムに合わせて手を動かしている。練習中の身なのか、あるいは太鼓打ちに憧れがあるのか。継承のワンシーンを見たような気がした。

この後、子供たちによる木津甚句の奉納を挟み、一群は集落のなかを練り歩く。この日は二軒の家を回ることになっているそうで、最後尾に付いていくことにした。

一軒目は保存会会長宅。二軒目には高齢のおばあちゃんが住むお宅である。彼女は微笑みながら子供たちの舞を見つめている。壁にはご先祖さまの遺影が飾られていて、獅子舞の演舞を同じように見つめている。棧俵神楽を楽しみにしているのは、現世に生きる者ばかりではない

二体並ぶと、さらにかわいらしさが際立つ

のだ。

集落を回ったあと、一旦集会場で休憩となる。ここは神楽宿にあたり、休憩や獅子頭の手直しを行う場所になっている。僕もその場に紛れ、御神酒をいただきながら保存会の方にお話を伺う。

話によると、桟俵神楽もまた伝承が途絶えた時期があったという。復活後も参加する若者たちは少なかったというが、近年は県外での注目も集まってきたことから若いメンバーが増えているらしい。確かに保存会には若者も多く、活気がある。子供たちは休憩中も疲れを見せることなく、大人の周りを走り回っている。

ラストは獅子頭を小阿賀野川に流す神楽送りだ。時刻は夕刻に近づき、陽の光は少しずつ赤味を増している。道行きの太鼓を鳴らしながら、獅子頭を先頭とした一群はゆっくりと小阿賀野川に向かって歩いていく。

数年前までは橋から獅子頭を投げ込んでいたものの、最近は工事が進んだことから川のへりから流すようになったのだという。川べりに到着すると、保存会のメンバーが二体の獅子頭に御神酒を呑ませる。子供たちは「お前も流してやるよ！」「俺は泳げるから大丈夫だよ！」などとじゃれ合っていて、大人も子供も実に楽しそうだ。

みんなで声を合わせて二体の獅子頭を小阿賀野川に放つと、獅子頭は下流に向かってゆっくりと流れていく。大人のひとりが「また来年ね」と声をかけると、その声に反応するかのように一体の頭がくるりとこちらを向いた。

「名残り惜しいんだね」

保存会の一人がそう呟く。ゆっくりと下流に向かって流れていく獅子頭を、子供たちは「バイバーイ！」と叫びながら追いかけている。その姿を大人たちが見つめている。

ああ、なんて美しい光景だろうか。まるで古き良きヨーロッパ映画のワンシーンのようではないか。そこには芸能と地域住人が結ぶ幸福な関係があった。

流れ去る獅子頭に手を合わせる

不思議なことに、これまで川に流した獅子頭が発見されたことは一度もないのだという。川に流された頭は翌年、新たな獅子頭となって集落に戻ってくる。それを大人も子供も楽しみにしているのだ。

さっきまでは獅子頭を追いかけていた子供たちは気が済んだのか、「腹減った！」と早速夕飯へと気持ちが移っている。やっぱり子供たちは元気だ。

小阿賀野川の土手を大人たちと子供たちが歩いていく。僕はその姿が見えなくなるまで見送った。先ほどまではジリジリと僕の肌を焦がしていた太陽の陽はすっかり弱くなり、少しずつ夜の気配が近づいていていた。

参考文献

桟俵神楽ウェブサイト

新潟市潟のデジタル博物館「亀田郷、水と土の歴史」「潟のストーリー かたりべ さんばいし神楽」

阿賀野川えーとこだ！ 流域通信「大迫力の桟俵神楽が舞う！ 新潟市江南区『木津祭り』を取材」

# 脚折雨乞

すねおり

04

巨大な龍神がロードサイドをゆく

埼玉県鶴ヶ島市

埼玉ならどこにでもあるような味気ない幹線道路を、巨大な龍が横切っていく。担いでいるのは三〇〇人もの男たち。離れたところから見ていると、縮尺がおかしくなったせいか、彼らの姿はまるで小人みたいに見える。

目を疑うような光景を呆然と眺めながら、その光景はどこかで見たことがあるような気もした。記憶の引き出しをいくつも開け、ようやく思い出した。そうだ、「まんが日本昔ばなし」のオープニングに出てくる龍だ。くねくねと空を舞う、かわいらしくも恐ろしいあの龍の姿にそっくりなのだ。いわば実写版「まんが日本昔ばなし」。そんな信じられない光景が、埼玉の片隅で白昼堂々繰り広げられているのである。

脚折雨乞は麦藁や竹、荒縄によって作られた龍神が集落内を練り歩く雨乞い儀礼の一種だ。驚くべきは龍神のサイズで、長さはなんと全長三六メートル。これがどれぐらいのサイズかというと、目を疑うほど大きいのだ。その巨大な龍神を、三〇〇人もの男たちが担いで練り歩くのである。ほとんど悪夢的というか、信じられない光景である。

信じられないことが目の前で起きると、自分の心のうちで何が起きるのか。人は途方に暮れ、その次に笑ってしまうものである。自分のなかのイメージが揺さぶられ、固定概念が覆され、自分がいかに小さなものかイヤというほど思い知らされる。ただし、それは決して恐ろしい体験ではない。自分の小ささを見つめることで、何か大きなものに身を委ねるような清々しささえ得られるものなのだ。

関越自動車道の鶴ヶ島インターチェンジ近くに雷電池(かんだちがいけ)児童公園という公園がある。その一角に雷電池という人工池が水を貯えていて、地元住民の憩いの場となっている。郊外にはよくあるような、なんの変哲もない池だが、四年に一回、ここは脚折雨乞の舞台となる。雷電池にはかつて湧水が渾々と湧き出ていて、水神である大蛇が棲むとされていたという。雷電池のすぐ横には雷電社という小さな社が祀られていて、ここで降雨を祈ると、必ず雨が降ったとも伝えられている。今では想像することができないけれど、雷電池は雨乞いの聖地だったのだ。

雨乞いに関する伝承は日本各地に残っている。雨が降らないということは農作物の出来に大きく影響するわけで、農家にとっては大問題。旱魃はそのまま死と直結していた。そのため、人々は命乞いするかのように降雨を神に祈った。

日本における雨乞いの歴史は古く、「日本書紀」には皇極天皇元（六四二）年に奈良県明日香村の飛鳥川上坐宇須多伎比売命神社（あすかかわかみにいますうすたきひめのみことじんじゃ）で行われた雨乞いのことが記されている。平安時代以降にはさまざまな宗教勢力による祈雨法が生まれ、中世後期になると各地で雨乞いと芸能が結びついていく。

雷電池でもかなり古くから雨乞いが行われていたようだが、寛永年間（一六二四～一六四四年）の新田開発により池が狭くなると、徐々に雨乞いの効力が薄れていったという。地元の人々は「池が狭くなり、雷電池に棲む大蛇が上州板倉（現在の群馬県邑楽郡板倉町）の板倉雷電神社に移ってしまったせいではないか」と考えた。板倉雷電神社は関東一円に点在する雷電神社・雷電社の総本社。ニュアンス的には支社から本社へと異動になったようなものだろうか。

明治七（一八七四）年の旱魃の際も住民たちは諦められずに雷電池で雨乞いを行ったようだが、やはり効果はなかったらしい。そのため、板倉雷電神社で降雨祈願をし、翌日池の水を竹筒に入れて持ち帰って雷電池に撒いてみた。すると、快晴の空にたちまち暗雲が立ち込め、雷を伴った大雨が降り注いだという。

聖地の水を持ち帰り、雨が降ってほしい場所に撒く。これはもっとも一般的な雨乞いの方法だ。そのほかにもいろいろな方法があるのだが、あまり雨乞いについて掘り下げていくとそれだけで何ページも費やしてしまうことになりそうなので、これぐらいにしておく。それぐらい雨乞いは奥深く、おもしろいテーマでもあるのだ。

明治七年以降も雷電池では断続的に雨乞い儀礼が行われたようだが、やがて地域の行事として定着していく。龍神の登場時期は不明だが、明治一〇（一八七七）年の記録には龍神を作って池に入れたと記されている。昭和七（一九三二）年には長さ二一メートルほどだった龍神も、昭和三九（一九六四）年には現在と同じ三六メートルの長さにまで巨大化。当時の写真を見ると、現在の龍神と何ひとつ変わらない造形・サイズに驚かされる。

だが、専業農家の減少など社会環境の変化により、昭和三九年を最後に脚折雨乞自体が中断。昭和四八（一九七三）年ごろには雷電池の湧水も枯れてしまったという。

脚折雨乞が復活するのは昭和五〇年代。昭和五〇（一九七五）年に脚折雨乞行事保存会が発足すると、翌年に保存会主催のかたちで雨乞い行事が復活した。以降、コロナ禍まで四年に一度のペースで開催されてきた。僕が訪れたのは二〇一六年八月。次回は二〇二〇年に開催されるはずだったが、新型コロナウイルス感染拡大の影響から開催が中止されてしまう。この文章を書いている二〇二三年の段階では二〇二四年の開催がアナウンスされているが、それが実現するとなると、二〇一六年以来実に八年ぶりの再開となるわけだ。

脚折雨乞のスタート地点は、ゴールとなる雷電池の西に位置する白鬚神社だ。渡御の儀と称される修祓の時間に合わせて白鬚神社に向かうと、竹や麦藁で作られている龍蛇（りゅうだ）がスタンバイしていた。長さ三六メートル、重さ三トン。想像を超える大きさに圧倒される。

脚折集落では一週間の時間をかけて、この龍蛇を作り上げる。頭部の骨組みや目鼻は竹で編まれていて、全体に大量の麦藁と笹の葉が使われている。脚折に限らず、麦を作る農家は現在激減している。そのため、麦藁の確保が大変らしい。

龍蛇は大きいだけではない。観るものを圧倒する迫力がありながら、どことなくチャーミングで愛嬌がある。これからこのモンスターが動き出すわけで、想像するだけでワクワクしてくる。

龍蛇の周辺にはいくつもの幟旗が建てられている。闇龗神（くらおかみのかみ）、高龗神（たかおかみのかみ）、天之久比奢母智神（あめのくひざもちのかみ）など、いずれも水を司る神の名が掲げられている。かたわらには法螺貝を持った行者までいて、雨乞い儀礼のオールスターといった顔ぶれだ。

一二時半、龍蛇のお祓いと入魂の儀式が行われる。その瞬間、竹や麦藁で組み立てられた巨大な物体は龍神と化す。

一時、いよいよ出発！　法螺貝と太鼓に導かれながら龍神が動き出す。ロードサイド型店舗が並ぶ幹線道路や茶畑が広がった埼玉〜北関東の典型的な風景のなか、巨大な龍神が進んでいく。道路で信号待ちをしている運転手が目をパ

幟旗が揺らめくなか、法螺貝の太い音が鳴り響く

チクリしている。そりゃそうだ。突然こんなものが目の前に現れたら、誰だってそんな表情になるだろう。

白鬚神社から東へ二キロほど進み、ようやく雷電池に到着。時間を見るとジャスト三時。雷電池では多くの観客が龍神の到着を待ちわびていた。ここからが脚折雨乞のクライマックスである。

まず雷電社で祈禱が行われ、続いて前日に板倉雷電神社から貰い受けた御神水が雷電池に注がれる。明治七年に行われた雨乞いのプロセスが現在も守られているのだ。

三時三〇分、男たちに担がれた龍神が雷電池に入っていく。池に続く道は坂になっていて、気を抜いていると大事故が起きてしまいそうな緊張感がある。担ぎ手の男たちも必死の形相だ。

雷電池に入水した龍神は、法螺貝の音が鳴り響くなか、池の中を時計回りにぐるぐると回る。担ぎ手たちはこんな言葉を唱和している。

「雨降れたんじゃく、ここにかかれ黒雲」

「たんじゃく」とは帝釈天のこととともいわれている。神々の住む須弥山の山頂に住み、密教では十二天のひとりとされる帝釈天に降雨を祈念するのである。

龍蛇の担ぎ手たちが龍神を水の中に下ろすと、いよいよクライマックスの龍神昇天となる。合図とともに担ぎ手たちが龍神に襲いかかり、壊してしまうのだ。雨乞い儀礼のなかには雨を司る神を怒らせて雨を降らせるものがあるが、これもその一例と考えられるかもしれない。神聖な池に足を踏み入れることで濁らせ、水を司る神である龍神に襲いかかって破壊するのである。

なお、破壊された龍神の破片は、自宅へと持ち帰ることで幸福が訪れるとされている。このあたりの風習は先に取り上げた加勢鳥ともよく似ている。

雷電池に龍神が入水すると、観客から声が上がる

脚折雨乞を見ていて気づかされるのは、降雨に対する農民たちの強い思いだ。その願いにほんのわずかの曇りでもあれば、降雨は叶わない。そのため、現代の感覚からするとストイックなまでに祈念するのである。

脚折雨乞にかぎらず、雨乞いの達成率は一〇〇パーセントとよくいわれる。これは世界中どこでも変わらない。なぜかというと、雨乞いは雨が降るまで続けられるからだ（ジェイムズ・ロジャー・フレミング『気象を操作したいと願った人間の歴史』より）。ジョークのようだが、これは雨乞いのひとつの側面を表している。

雨乞儀礼のバイブルとも言える高谷重夫の著作『雨乞習俗の研究』にもこのように書かれている。

日本の農民においては、いうまでもないことだが、水はその死命を制する力を持ってい

破壊された龍神に人々が群がる

る。それだけに降雨に対する農民の願望は切実なものがあり、雨乞祈願には日本民族が伝承してきた呪法・祈願法のすべてがここに集中した観がある。（高谷重夫『雨乞習俗の研究』）

ここに書かれているように、雨乞いとは超自然的な力に働きかける呪術の一種である。だが、巨大な龍神が池の中をぐるぐると回転する光景には、どこか祝祭的な高揚感があって、雨乞いという目的が二の次になっているように感じられた。そもそも現在の暮らしから考えれば無理やり雨を降らせる必要はないし、むしろ多くの観客が訪れる脚折雨乞当日に降ってもらったら困るはずである。そういう屁理屈を述べて、「脚折雨乞は形骸化している」といえば確かにその通りだろう。

だが、そこからはあまりに切実な、生への執着と逞しい生命力を感じ取れるようにも思えた。「雨乞い」というと埃をかぶった古臭い習俗という印象を持たれるかもしれないけれど、その埃を払うと、かつてこの世界に生きた人々のギラギラとした命と出会うことができるのだ。

参考文献

「天気70巻3号」（日本気象学会）所収、後藤恵津子、岩崎博之「雷撃密度とレーダ雨量の分布から見た北関東における雷神社の分布の特徴」

『脚折雨乞』（鶴ヶ島市教育委員会）

「脚折雨乞の歴史」（鶴ヶ島市デジタル郷土資料）

高谷重夫『雨乞習俗の研究』（法政大学出版局）

ジェイムズ・ロジャー・フレミング『気象を操作したいと願った人間の歴史』（紀伊國屋書店）

# まないた開き

05

## 二匹の鯉がさばかれる神仏混淆の儀式

東京都台東区

まな板の上にはでっぷりと太った鯉が横たわっている。真剣な表情でその姿を見つめているのは、烏帽子（えぼし）を被った庖丁人だ。彼の手には庖丁と真魚箸（まなばし）が握られていて、鋭い光を放っている。その背後では雅楽のメロディーが静かに流れている。

庖丁人の動きは鮮やかで、まるで舞を舞っているようにも見える。大きな鯉はバラバラに解体され、やがて一片の肉片となっていく。皮一枚を残して切り進める作業は見事なものだ。

庖丁人の所作にはすべて意味があるのだという。「これは日月、陰陽の所作でございます」「庖丁をくるりと返す動作は庖丁返しと言い、一刀一礼の意味を持っております」「これは昇天庖丁と言いまして、邪を祓う所作です」といった具合に、ひとつひとつ解説が加えられる。まな板の上に配置された肉片を見ると、そこには「長」「命」という文字が形作られていた――。

これは東京都台東区の坂東報恩寺で行われている「まないた開き」のシーンである。

切り刻まれる鯉の前には、報恩寺の開基であり、親鸞の高弟とされる性信（しょうしん）の肖像画がかけられている。なぜ殺生を禁じる仏教の寺院でこんな儀式が？　頭の中にいくつものクエスチョンマークが浮かび上がってくる。

鯉魚料理規式を正式名称とするこの行事は、平安時代から伝わるとされる由緒正しい儀式なのだという。こうした儀式は日本各地で行なわれており、明治神宮や神田明神でも行われているらしい。


では、坂東報恩寺のまないた開きはどのように始まったのだろうか。その由来にまつわるストーリーもなかなかおもしろいので、ざっと書き出してみたい。

坂東報恩寺は、親鸞聖人の直弟である性信上人によって建保二（一二一四）年、下総国の横曽根（現在の茨城県常総市豊岡町）に創建されたと伝えられている。慶長七（一六〇二）年には江戸に移転。文化三（一八〇六）年に台東区東上野へと移されて現在に至る。

まないた開きにまつわるストーリーの主人公は報恩寺を建てた性信上人と、彼の弟子となる老人だ。以下、『大乗 一九九六年二月号』の記事より。


あるとき、性信の説法を聞いていた老人が「弟子にしてほしい」と懇請しました。性信はこの老人に性海と法名を授けました。ところがこの老人は、実は報恩寺の北にある大生（おおの）郷（ごう）天満宮の菅原道真の化身であったのです。性信の説法を聞いて喜んだ道真が「御手洗池の鯉を献上せよ」と告げたことから、それ以降毎年、大生郷天満宮から鯉二匹が報恩寺に届けられることになりました。（『大乗 一九九六年二月号』）

まないた開き当日に配布された資料には「飯沼の天神（大生郷天満宮）の神主たち」の夢に天神が現れ、こう言ったと伝えられている。「性信のひじりはわが師である。我はひじりの教えによって、永いあいだの苦悩を逃れ、永世の楽果を得ることができた。わが師の洪恩（深い御恩）を謝するために、毎年御手洗池の池の鯉二匹を贈るべし」と。

この逸話に基づき、現在も茨城県常総市の大生郷天満宮から二匹の鯉が報恩寺へと送られているわけだ。性信は建治元（一二七五）年に死去したとされている。それを踏まえると、七〇〇年以上ものあいだ、二匹の鯉が送られ続けたことになる。

先の記事では「この儀式の意義は、なにより性信への報恩感謝の儀式ということ」とも記されている。恩を送り、恩の循環をもたらすこと。そうした循環が七〇〇年以上続いているというのだからすごい話だ。

まないた開きは毎年一月一二日、朝一〇時から行われる。九時半ごろ坂東報恩寺に到着すると、境内には数人の参列者が儀式の始まりを待っていた。

冥加金を奉納し、本堂の中へ入る。事前情報どおり性信の肖像画がかけられていて、菊の花が供えられている。その前には立派なまな板が準備されていて、それを囲むように結界が張られている。神仏混淆の儀式ならではの雰囲気だ。

昭和一一(一九三六)年一月の『国際写真新聞』にはまないた開きのレポートが写真つきで掲載されていて、三〇〇人もの信徒・観衆が訪れたと記されている。まな板の周りには人垣ができていて、写真からも熱気が伝わってくる。

現在のまないた開きには当時ほどの熱気はない。参列者も数十人といったところだろうか。だが、儀式らしい厳かな空気が流れていて、この儀式が大切に続けられてきたことがわかる。

時刻は一〇時ちょうど。読経からスタートし、続いて住職の解説タイムとなる。住職によると、殺生を禁じる仏教でなぜ生き物を捧げる儀式が行われているのか？　という問いに対し、先代の住職は「私たちはふだんの生活のなかでたくさんの命をいただいている。どれだけの命をいただいているのか、この行事を通して確認してほしい」と答えたという。なるほど、そう思うと自分とは無関係と思えていたまないた開きを自分ごととして捉えられそうな気もしてくる。

読経が終わると、鯉がまな板の上へ。魚をさばくのは烏帽子に鉢巻を結んだ四條流庖丁人の役割だ。

四條流とは何か。不勉強ながら僕も取材時に初めてその存在を知った。百科事典マイペディアにはこのように記されている。

日本料理の料理法、作法の代表的な流派。平安時代光孝天皇の命で四條中納言藤原山蔭が興し朝廷の供宴をつかさどった。料理法、配膳法、食作法など武家や民間にも影響を与えたが、明治以降宮中の供宴は洋式が正餐とされたため廃れ、庖丁式など儀式の作法が伝わるだけとなった。（「百科事典マイペディア」）

いわば作法・料理法に関する流派であり、その源流は平安時代にあるのだという。庖丁儀式はそのころから行われているそうで、当日配布された四條流庖丁儀式を解説したプリントにはこう記されている。

庖丁儀式は日本王朝時代の厳粛な儀式であり、古典文化生活の一表情であります。四條流の名は平安時代の初期、五十八代光孝天皇が料理に趣味をお持ちになり御みずから庖丁を執られまして、数々の宮中行事を再興されました。

「四條流庖丁書」には、四條中納言藤原朝臣山陰卿が鯉を庖丁したことから、庖丁の儀式の切形がはじまったと記録されています。

（中略）

庖丁式は、まことに古い時代から行なわれたものでありまして、幾多の文献を見ましても、そのはじめは殿上人（公卿）や、大名が賓客を我が家に招いた場合にその家の主人が心から歓待する意味で、まず、主人みずから庖丁をとって、庖丁ぶりを見せてその切った材料を、お抱えの御膳部の料理人に調理させて、ふたたびその賓客のお膳に供して、御馳走したものであります。

食材の切り方や所作は流派によって異なるようだが、これ以上の説明は専門家に委ねたい。

まないた開きのレポートに戻ろう。

二匹の鯉はさばかれる前に性信上人の肖像画の前に奉納され、それから庖丁式が始まる。二匹の鯉はそれぞれ梅見乃鯉、長命乃鯉と名づけられていて、この日は梅見乃鯉を四條流正師範

舞のように大きく身体を動かしながら庖丁を操る

の清水柏仁さんが、長命乃鯉を四條流十六代家元の入口柏修さんがさばくことになっている。

解説によると、庖丁には表と裏があり、それぞれに陰と陽を意味している。庖丁と箸を掲げる所作もあるが、これは太陽と月を意味していたりと、ひとつひとつの所作に意味があるのだという。

たとえば、昇天庖丁という所作は歌舞伎の見得と同じく、「切ったぞ」というひとつの見せ所でもある。殺生禁断とする仏前で血のついた庖丁刀がギラリと光る図はちょっと異様なものがある。解説によると、四條流はかつて武家のあいだでも浸透していたらしい。包丁人の横には介添人もいて、その光景はまるで切腹のようでもある。

舞うこと、さばくこと、殺生すること、肉を切ること、食べること、祈ること、捧げること。それらすべてが庖丁人の所作を通じて繋がり、表現されていく。その動きを見つめているだけで、何か根源的なものに直接触れているような感覚が湧き上がってくる。

時間をかけて切り刻まれた鯉の肉片は、最終的に文字として表される。長命乃鯉の場合、最終的に「長」「命」という文字に並べられる。その光景もまた呪術的だ。

儀式が終わり、緊張感から解放された瞬間、僕はふーっと息を吐いた。その間、約一時間。一瞬にも、数時間にも感じられる時間であった。

まないた開きはここで終わらない。終了後、大広間で味噌仕立ての鯉こくが振る舞われるのだ。儀式の際にさばかれた鯉を使っているわけではなく、事前に調理されたものらしい。じっくり煮込むには時間が必要なわけで、考えてみれば当然の話ではある。なお、先述した『国際写真新聞』には鯉の身を細かく刻んで笹の葉に乗せ、信徒に配られたと書かれている。そうした風習は二〇年ほど前まで続けられていたようで、檀家のみなさんは鯉の洗いを食べるのを楽しみにしていたという。

まないたの上で鯉の肉片が文字を形作る

いただいた鯉こくは、なかなか滋味あふれる味であった。鯉こく自体を初めて食べたので、他のものと比較することはできないけれど、決して洗練された味ではない。舌で儀式の根っこを味わい、体感したという感覚があって、これはこれで特別な体験であった。
日本にはまだまだ不思議な風習が残されているものである。

参考文献
ＹｏｕＴｕｂｅ「まないた開き 坂東報恩寺」（台東区公式チャンネル）
『下谷・浅草 史跡をたずねて』（東京都台東区）
末広恭雄『魚と伝説』（新潮社）
『大乗１９９６年２月号』（大乗刊行会）
「鯉料理の由来」（報恩寺）
『国際写真新聞』（同盟通信社）

# 徳丸の田遊び

06

笑顔溢れる大らかな農耕儀礼

東京都板橋区

高島平駅に降り立つと、道路の向こうにそびえ立つマンモス団地が目に入った。広大な敷地に約八千戸の住戸がひしめき合う高島平団地である。

昭和三〇年代までこのあたりは都内有数の田園地帯として知られていた。当時の高島平は牛が行き交うのどかな土地だったというが、現在その面影は皆無だ。ごくわずかな農園が点在しているものの、当然牛を見かけることはないし、水田が広がっているわけでもない。

高島平団地の入居が始まったのは昭和四七（一九七二）年。以降、水田や牛ではなく、どこまでもコンクリートの壁が続く巨大な団地が高島平の象徴となった。

ただし、今日の目的は団地ではない。団地の構内を抜け、目的地へと急ごう。薄暗い住宅街を進んでいくと、かつては農家だっただろう旧家が増えてくる。時刻は夕刻。冬らしい寒風が通りをひゅーひゅー抜けてゆく。

毎年二月一一日、板橋区徳丸の徳丸北野神社で行われているのが徳丸の田遊びだ。徳丸北野神社は長徳元（九九五）年創建と伝えられている歴史ある古社。板橋区徳丸、高島平、新河岸地区の氏神であり、徳丸の田遊びも氏子が運営の中心を担っている。

なお、隣の大門集落にある赤塚諏訪神社でも同じように田遊びが続けられており、合わせて「板橋の田遊び」と称されることもある。

田遊びとは稲の生育と豊作を模擬的に演じることで五穀豊穣・子孫繁栄を祈願する予祝芸能のひとつ。日本各地でさまざまな形式の田遊びが行われている。

徳丸北野神社に伝わる由緒によると、徳丸の田遊びは徳丸の地に天満宮を建立した際、里人らにより奉納されたものがルーツとされている。言い伝えによるとそれが天満宮が創建された長徳元年のことで、以来一度も休むことなく毎年行われてきたとされる。

中世の段階で行われていたという史料は残っていないため、「千年以上続けてこられた」という確証はない。ただし、元禄一七（一七〇四）年に作られた袴が昭和初期まで残っていたという記録はあるため、少なくとも三〇〇年以上は確実に続けられてきたと思われる。田遊びという古風な神事がこれだけの期間、それも東京二三区内で継承されてきたというのは奇跡的なことだ。

田遊びの舞台となるのは、モガリと呼ばれる特設ステージだ。モガリは四隅に青竹を立て、注連縄（しめなわ）を張り、中央に太鼓を置く。闇夜のなかに手作りの舞台がぼんやりと浮かび上がる光景はどこか幻想的で、中世の農村にタイムスリップしてしまったかのような錯覚に陥る。

夕方五時半ごろに徳丸北野神社に着くと、モガリの周りにはすでに多くの観客とカメラマンが陣取っていた。何気なく観客のひとりであるおばあちゃんに話しかけると、五〇年ほどこの地域に住んでいながら、今回初めて田遊びにやってきたのだという。彼女はこう言う。

「赤塚でやってる梅まつりは毎年楽しみにしているんだけど、こっちは初めて来たんですよ」

たしかに田遊びは集落内を練り歩くわけでもないし、街中に響き渡るような轟音で太鼓を叩くわけでもない。徳丸北野神社の境内でひっそりと行われるものであって、案外近隣住民でもその存在に気づかないものなのかもしれない。

徳丸の田遊びは朝九時の餅つきからスタートし、舞台や道具の準備を終えると、夕方六時から約一時間半、モガリの中で一年間の稲作の様子が演じられる。運営を担当しているのは天神講と呼ばれる氏子組織と保存会。モガリの上でさまざまな演目を演じるのは古くから一六人と定められており、田遊びを主導する大稲本、補佐役の小稲本など、それぞれの役割が決められている。

演じられる演目は徳丸と赤塚で異なるが、徳丸では以下の工程が演じられることになっている。

町歩（ちょうほ）調べ、田打ち、田うない、代（しろ）かき、種まき、鳥追い、田廻り、春田うない、田かき、田ならし、田植え、呼び込み、田の草取り、穂ばらみ、稲刈り、稲むら積み——。

こうやって書き出すだけで、稲作にまつわるさまざまな工程が演じられていることがわかる。

ひとつひとつの演目のなかでは古風な唱え言葉が発せられ、さまざまな舞が演じられる。舞と言っても決して複雑なものではない。男たちが足踏みをしながらモガリの中をぐるぐると回ったりと、農作業を思わせる素朴な所作がほとんだ。人々はこうした唱え言葉や所作を田の神に奉納することで五穀豊穣を祈願するのだ。

モガリの上の男たちは、時たま談笑しながら演目を続けていく。声を合わせて言葉を発するなかではうっかり間違えてしまうこともあるけれど、「何やってんだよ」と無言でミスを責めるようなギスギスした雰囲気はない。休憩中にはモガリの上に立つひとりの男性が観客に声をかける。

「ちょっと休憩しまーす、休ませてくださーい（笑）」

そして、紙コップに入ったお神酒を観客に配りながら「間違えてもみんなわからないもんね？（笑）」と一言。来場者のあいだでも

木製の面をかぶった牛が田をならす「代かき」

どっと笑いが起きる。

この田遊び、一時間半の舞台を通してさまざまなキャラクターが登場するのもポイントのひとつだ。

まず目につくのが「代かき」などで登場する牛。板一枚で作られた面はいたって素朴なものだが、かえって古い農耕儀礼の雰囲気を伝えるような感じがある。通りを牛が行き交っていたかつての記憶がこの面に残されているのかもしれない。

「田植え」に出てくる早乙女役の男児も重要な役割を担っている。ここでは大稲本と小稲本が早乙女役の男児の頭を白扇であおぎ、太鼓の上に乗せたうえで、鍬取りが男児を持ち上げる。決して緊張感がある感じではなく、ぱっと見は赤ん坊に「高い高い」をしているようにしか見えない。

男児を稲に見立てた「田植え」

だが、この所作において早乙女は稲の苗に見立てられていて、太鼓は田んぼを意味しているのだという。稲の豊作を願うと共に、子供たちの健やかな成長も重ね合わされているのだろう。数百年前も現代も変わらない人々の願いに心が温かくなる。

続く「呼び込み」もおもしろい。宮司宅から松明に導かれて踊りながらやってきたのは「ひるまもち」と「よねぼう」という人形。往年のギャグ漫画のようなヘタウマの表情をしたよねぼうは子孫繁栄を象徴していて、男性器を強調した作りになっている。触ると子宝に恵まれるとされていて、観客たちはキャッキャと大騒ぎしながらよねぼうに触ろうとする。

なかでも一番の笑いが起きるのが、太郎次(たろうじ)・安(やす)

緑と赤のカラフルな胴体も目を引く「よねぼう」

女(め)という面を被った夫婦が絡み合うシーンだ。やすめは妊婦のようで、ふたりの（決して上品とは言えない）会話が沿道の人々の笑いを誘う。ここでは生殖行為をともなう子孫繁栄と、五穀豊穣への思いが重ね合わされている。セックスと発芽、出産と収穫、田園のエロチシズムとエネルギー。田遊びの空間のなか、いくつものイメージが交差する。

その後、害虫をはらう獅子、二人一組で暴れ馬を誘導するさまを演じる馬と駒が続け様にやってきて、熱気はピークに達する。暴れる獅子には老若男女から声が上がる。

続いて破魔矢を二本手にした男がやってきて、「やーやっ」と言いながら松明に対峙する。呪術的な意味合いがあるのだろうが、誰もが笑顔。農耕儀礼らしい大らかな雰囲気があるのが楽しい。

ラストの「稲むら積み」では、豊作を言祝(ことほ)ぎ、最後に手締め。田遊びはトータル一時間半ほどで終了した。農村としての姿を残していた時代は深夜二時ぐらいまで続けられたそうで、さぞかし賑やかなことだったのだろう。娯楽が少なかった時代、村民たちにとって田遊びは一年に一度の楽しみでもあったのだ。

歴史ある古風な予祝芸能ではあるものの、祭りの雰囲気自体は実にリラックスしたもの。高島平団地のすぐ近くでこんなにものびのびとした農耕儀礼が続けられているなんて、東京もやっぱりおもしろいところだ。


参考文献

『文化財シリーズ第九四集 いたばしの田遊び』（板橋区教育委員会）

全日本郷土芸能協会・編『民俗芸能探訪ガイドブック』（図書刊行会）

薄暗い境内にモガリと呼ばれる舞台が浮かび上がる

07

鹿ん舞から浮かび上がる「いのち」の多様性

# 徳山の盆踊

静岡県榛原郡
川根本町

「静岡の秘境」とも称される静岡県榛原郡川根本町。ここは太平洋に沿って東西に広がる静岡県の中でもかなり山深いところで、町の北部は長野県飯田市と接している。

川根本町まで電車で行こうと思うと、東海道本線の金谷から大井川鉄道に揺られ、大井川沿いを一時間ほど北上することになる。電車はくねくねと曲がりくねった大井川から時には離れ、時には近づきながらゆったりと進んでいく。窓から見える風景はトンネルを抜けたら一気に変わるようなものではなく、グラデーションのように少しずつ、じんわりと山深くなっていく。一歩ずつ秘境の世界へと足を踏み入れているような感覚があって、こちらのテンションもじわじわと上がってくる。


二〇一五年の盆、僕らは川根本町で行われる「徳山の盆踊」をめざしていた。浅間神社の例祭に合わせて奉納されるもので、盆踊りといっても一般的にイメージされるものとは違い、次の三つの芸能が演じられる。

ひとつは大人たちが演じる「狂言」。起源は古く、徳山に残るもっとも古い台本には「宝暦九（一七五九）年卯月」と記されているという。本来はさまざまな演目が演じられて

いたらしいが、現在は「頼光」「新曽我」という
ふたつの演目だけが行われている。

　ふたつめは「鹿ん舞」。鹿の頭をかぶった三人を先頭に、ヒョットコ面の男たちが紅白の綾棒を回しながら飛び跳ねるように舞う。かつてはその年に成人した男たちが舞っていたというが、現在は地元の中学生たちがその役割を担っている。

　そして、最後が「ヒーヤイ踊」。小中学生の女子たちが小唄に合わせてしっとりと踊るもので（以前は男たちが女装して踊っていたらしい）、歌の終わりに「ヒーヤイ」という囃子言葉がつく。

　このうち僕らのお目当ては「鹿ん舞」である。

取材の少し前にネット上でその存在を知り、僕は

古歌舞伎踊りの初期の形態を残す「ヒーヤイ踊」

鹿ん舞の面に一目惚れしてしまった。いわゆるヘタウマの部類に入る素朴な面ではあるものの、どこかゾクッとするような迫力がある。地域住人が一生懸命作ったであろうその作りには、大衆的なエネルギーさえ感じてしまう。

「徳山の盆踊」は八月一五日の午後一時、浅間神社の例祭から始まる。四時には徳山コミュニティーセンターで出立式神事が行われ、集落内で鹿ん舞とヒーヤイ踊の奉納を行ったあと、六時から九時まで浅間神社を舞台にメインとなる芸能奉納が行われる。

ここで鹿ん舞のフォーメーションを紹介しよう。

先頭となるのは、長い竹の両端にススキの束を縛りつけた物を振り回して境内の人混みを

以前はその年二〇歳を迎える男性が踊っていた「鹿ん舞」

整理する「露払い」。続いて角をはやした牡鹿が一頭、その少し後ろに牝鹿が二頭。その後方に畑を荒らす鹿たちを追い立てるヒョットコ面をつけた者たちが続き、笛、小太鼓、鉦、拍子木の囃子に合わせて踊る。

鹿とヒョットコたちは綾棒をくるくると回しながら軽快にステップを踏む。牡鹿は時たま後方を振り返る所作をするのだが、これがなんとも動物らしくておもしろい。ヒョットコたちは作物を食い散らかす鹿を追い返そうとしてるにもかかわらず、一緒に遊んでいるようにも見える。ただの害獣として駆除するのではなく、生命あるものとして慈しみ、共生しようという思いも伝わってくる。

集落内での奉納ののち、舞台はいよいよ浅間神社

暗闇に浮かび上がる三頭の鹿頭

へ。芸能奉納が続くなか、境内は少しずつ夜の闇に包み込まれていく。

妻の慶子は鹿役の少年たちが休憩していると見るや、「おつかれのところ、すいません。ちょっとだけ写真を撮らせてもらえませんか」と声をかけている。こういうところの動きはやはり早い。

少年たちは横に並ぶと、鹿の面が見えるように少しだけ頭を下げてくれた。暗い境内の一角に、鹿ん舞の白い面が三つ並んでいる。鹿と人間と神様のあいだにある何かがふわっと浮き上がってきたような気がして、思わず鳥肌が立った。


ケモノがモチーフとなった芸能はとても多い。日々の生活のなかでケモノたちが身近な存在だったこともあるのだろうし、彼らが持つ特別な力を身につけることで、厳しい暮らしを生き抜こうという思いもあった。

ケモノたちは時に食糧や労働力となり、時に神の使者となり、時に神そのものになった。芸能におけるケモノたちのイメージとは、そうした多様な側面がひとつに集約されている感じがする。

東北では「鹿」をモチーフとする民俗芸能が受け継がれている。鹿踊りはそのひとつだ。ただし、「鹿」とはそのまま「シカ」を意味するのではなく、「シシ」と読む。「シシ」と書くとライオン（獅子）を思い浮かべる方が多いだろうが、四つ足（四肢）を意味し、かつては四つ足の獣の肉が「シシ」と呼ばれていた。その意味で、鹿踊りはさまざまなケモノのイメージを集約したキメラみたいなところがある。

その一方、「徳山の盆踊」の鹿ん舞は、明確に鹿がイメージされている。日々の暮らしのなかで接していたであろう鹿のイメージを——多少不器用なやり方で——トレースしている。だが、鹿ん舞の白い面が三つ並ぶ姿を見ていたら、

紅白の綾棒を回しながら前後に飛び跳ねる

鹿ん舞にもまた、ケモノたちの多様なあり方、もっといえば「いのち」の多様性みたいなものが表現されているように思えてきた。

「どうもありがとうございました」

慶子がそう声をかけると、三頭の鹿はどこにでもいるような中学生の男子に戻っていた。中学生が別の何かになったあの瞬間はいったい何だったのだろうか？　僕はいまだにキツネに、いや鹿につままれたような気がしている。

「徳山の盆踊」の見どころは鹿ん舞だけではない。このあたりはかつて京都の公家とも関係が深い今川氏が支配していたこともあり、山村でありながら古くから京の文化が伝わっていたのだという。古風なヒーヤイ踊と狂言にもまた、そうした名残りがあるように思えた。

休憩中には五〇キロもあるという「露払い」をひとりで抱え、舞台の回りを一周する力比べも行われる。一周するとご褒美に缶ビールをもらえるとのことで、地域住民や観光客、さらには警備を担当していた警察官もこぞって露払いを抱えている。

案の定、僕にも声がかかるが、ひどい腰痛持ちの僕には少々荷が重く、残念なことに辞退させていただいた。ギャラのビールをうまそうに飲む男性の姿を見てちょっと羨ましくなったが、ここは静岡の秘境なのだ。仮に腰痛を悪化させて歩けなくなってしまったら、たくさんの人に迷惑をかけてしまうだろう。

芸能自体は夜九時まで続くものの、八時には大井川鉄道が終わってしまうため、そのころには観光客の多くが浅間神社を後にする。それ以降の、地元住民のためだけに舞が演じられるこの時間帯からの雰囲気がまたいい。

出演者全員で輪になって踊られるラストの「ひきは」で大団円となるが、この「ひきは」には盆踊り的な感覚があって、見ていても楽しいものだ。

すべてが終わってみると、そこに広がっていたのは虫の鳴き声しかしないような静かな田舎町の風景。ふと夜空を見上げると、満天の星空である。富士市から僕らを車で迎えにきてくれた友人のドカくんもびっくりしている。さすが静岡の秘境だ。

秘境の夜は深く、暗い。僕らは鹿ん舞のリズムを脳内で反芻しながら、足早に徳山を後にしたのだった。

参考文献
『徳山の盆踊』（川根本町教育委員会）

# 吉原祇園祭

08

祭りと共に生きる人々の強さと美しさ

静岡県富士市

人との縁によって祭りへと導かれることがある。そのたびに僕は土地の神様に「こっちにおいで」と手招きされているような気分になる。吉原祇園祭との出会いは、まさにそんな感じだった。

僕は開催地である静岡県富士市吉原地区に行くまで吉原祇園祭の存在すら知らなかったし、初めて訪れたときも取材が目的ではなかった。きっかけとなったのは吉原に住む友人からの誘い。だから、最初は「友人の住む街に遊びに行く」という感覚のほうが強かったように思う。

以降、吉原には祭りの前後も含めて何度かお邪魔している。そうした気軽な体験を通じ、吉原祇園祭の背景にある担い手たちの思いに触れられたことは、自分にとっても財産のひとつになった。

僕を吉原へと誘ってくれた友人のドカくんは、元亨三（一三二三）年に創建された妙祥寺というお寺で副住職を務めている。現在は僧侶としてメディアに出る機会も多いドカくんだが、もともとドラマー兼ＤＪとして東京の音楽シーンで活動していて、僕が彼と出会ったのもそのころのことだった。二〇〇八年からは妙祥寺を舞台に吉原寺音祭という音楽イヴェントを続けていて、自身の音楽レーベルも運営している。僧侶でありながら、ミュージシャンでありプロデューサー。そんなおもしろい人物なのだ。

僕はそんなドカくんの紹介で、内藤佑樹さんという吉原祇園祭の担い手と出会うことになる。内藤さんは代々吉原の地に暮らす家系で生まれ育ち、現在は明治一〇（一八七七）年創業の金物店をお父さんと共に営んでいる。その一方で、幼稚園から吉原祇園祭の太鼓を叩いていて、六軒町の山車で囃子方を務めている。コミュニティーの外からやってきたドカくんに対し、内藤さんは生粋の吉原っ子なわけだ。

内藤さんはまた、吉原祇園祭の囃子を取り入れた吉原祇園太鼓セッションズというバンドでも活動している。バンドメンバーはいずれもなんらかの形で吉原祇園祭に関わっていて、その意味では「吉原祇園祭の囃子を取り入れたバンド」というよりも、「吉原祇園祭の担い手たちがやっているバンド」と表現したほうが正しいかもしれない。

そして、吉原祇園祭の伝統のなかに生きながら、その可能性を模索する内藤さんとの出会いにより、僕はそれまで縁のなかった吉原祇園祭の世界へ誘われていくことになる。

吉原祇園祭は毎年六月、二日間にわたって開催される。「東海一の祇園」と称されるが、地元では「おてんのうさん」というかわいらしい愛称でも親しまれている。

全国各地で京都・八坂神社の祭礼である祇園祭に類似した祭りが行われているが、吉原祇園祭もそのひとつだ。スサノオノミコトおよび牛頭天王を祭る神社の例祭として行われる点、もともと夏の邪気祓い・疫病退散を主な目的としていた点は、いずれの祭りとも共通している。

東海道の宿場町として発展してきた吉原によって、疫病退散は切実な願いでもあった。安政五（一八五八）年には東海道でコレラが大流行し、吉原宿一帯に広がった例もある。多種多様な人々が行き来する街道沿いの宿場町だけに、他所からやってくる疫病に対しては敏感にならざるを得なかった。それだけに吉原祇園祭は疫病退散という切実な願いと共に続けられてきたのだ。

吉原祇園祭の目玉は、数多く立ち並ぶ露店の間を行き交う二一台の山車だ。このうち内藤さんが所属しているのは六軒町町会の山車。シンボルは屋根の上の金太郎である。

現在吉原祇園祭で演奏されている祭囃子は「にくずし」「おだわら」「さんてこ」「江戸若」など数種あり、町会によって演奏される囃子の種類は異なる。なお、「おだわら」はその名からもわかるように、小田原方面から東海道を伝わって持ち込まれたもの。一方、六軒町などが演奏する「さんてこ」「江戸若」は大正時代に北関東から伝わったとされている。そうした例ひとつとっても、吉原の地に多種多様なモノと文化が持ち込まれてきたことがわかる。

吉原祇園祭の祭囃子の特徴をよく表しているのが、宮太鼓と呼ばれる呼び太鼓だ。これは神輿が来るまでの時間、大胴を一対一で囲み、数分ごとに交代しながら一定のリズムで叩き合うというもの。一台の太鼓を打ち手ふたりが叩き合うわけで、一対一のセッションのようなものとも言えるかもしれない。

内藤さんの宮太鼓は実に見事なものだった。どちらかが強引に自分の技を見せつけるだけでは宮太鼓は成立しないし、かといって同じフレーズを繰り返しているだけでは単調で退屈だ。互いのことを立て合いながら、随所で自身の技と個性を見せるそのやりとりは、宮太鼓のおもしろさを存分に味あわせてくれるものだった。

祭りの前夜、内藤さんに吉原の町を案内してもらったことがある。

山車にはすでに灯が点されていて、各町内で存在感を放っていた。感激したのは、あちこちから練習中の祭囃子が聴こえてくることだ。以前、カーニヴァル直前のトリニダード・トバゴを訪れたことがあるけれど、そのときの雰囲気とどこか似ていた。あのときはあちこちからスティールパンの音が聴こえてきたものだが、吉原では祭囃子の軽快なリズムが鳴り響いていた。

吉原祇園祭直前の吉原商店街には祭りの空気が

軽快なバチさばきで宮太鼓を叩く内藤さん(左)

充満していた。顔を見ると、大人も子供もみんなソワソワしている。六軒町に行くと、内藤さんのお父さんが数人で練習をしていて、やはりお父さんもソワソワしている。そしてもちろん、町を案内する内藤さん自身もソワソワしている。みんな祭りが始まるのが待ちきれないのだ。

内藤さんによると、同じ「にくずし」や「おだわら」でも、町内によって演奏のクセが多少異なるのだという。地域によるちょっとしたリズムの違いは、そのまま地域のアイデンティティーやプライドとも繋がっている。内藤さんははっきりと言葉にはしないけれど、おそらく自分が住む六軒町の祭囃子が一番だと思っているはずだ。内藤さんはこう言う。

「他の町内に行くと、『おいお前、ちょっと叩いていけや』と先輩に言われるんですよ(笑)。隙あらば対決しようという人が各町内にいるし、祭りに人生を賭けちゃった人がたくさんいるんです」

そう話す内藤さんもまた、「祭りに人生を賭けちゃった人」であることは言うまでもない。

吉原祇園祭の初日は山車の引き回しから始まる。吉原本町駅付近での女御輿、吉原本町通り各所での宮太鼓の共演が行われ、夜八時すぎからはふたたび山車の引き回しとなる。タイムテーブルによると、二日目は昼一時からの神輿から始まるとされているものの、その前にとても重要な儀式がある。それが各町内で浜へと出かけ、海で潮水を汲むという「浜降り」である。汲み上げられた潮水は神輿にかけたり、各家に配ったりと、お清めに使われる。

資料によると、この浜降りは「静岡県内全域で行われる禊ぎ祓えの行事」（『富士市文化財調査報告書 第四集 吉原祇園祭』）とのことで、神奈川や東北の一部の地域でも行われているらしい。そういえば神奈川県の茅ヶ崎海岸でも浜降祭が行われていて、以前取材に行ったことがある。茅ヶ崎のものは各地域の神輿が浜に集結し、神輿を担いだまま海へと入っていくという勇壮なものだが、吉原祇園祭の場合はあくまでも水を汲み上げることが目的。そのため、神輿ごと海に入るようなことはない。

『富士市文化財調査報告書 第四集 吉原祇園祭』によると、かつての浜降りは禊ぎ祓えの目的だけではなく、老若男女が一日浜で飲食をする浜遊びも兼ねていたという。「山の神や海の神と共同飲食をして交歓し、一年の豊作豊漁を祈願する古い習俗」に基づいていたそうで、現在では禊ぎの意味合いだけが残った。昭和初期までは日中に浜降りと山車の引き回しをやり、夜に神輿を担いだようだ。明るいうちから浜辺で酒を呑み、夜になったら神輿を担いで酒を呑むなんて、実に楽しそうだ。

そのように、吉原祇園祭における神輿とは山車と共に大切な存在なのだ。

二日目の昼、通りの向こうからやってきた神輿を見て僕はびっくりしてしまった。神輿が埋もれるほどの大量の笹で覆われていて、笹の塊がゆっさゆっさとやってきた感じなのだ。まるで別の生

勇壮な神輿の引き回し

命体のようにも見える。

吉原の神輿は揺するところに特徴があるそうで、「神輿を担ぐ」のではなく「揺する」と表現する地域もあるらしい。なお、この神輿の笹を抜き取り、輪っかにして家の軒先に飾ると厄祓いになるとされている。

また、吉原の神輿は「けんか神輿」という異名があるそうで、他の神社との境界に踏み入ることは御法度らしい。『富士市文化財調査報告書 第四集 吉原祇園祭』には「地霊を鎮めて境から入ってくる悪疫を退散させる目的があり、境での喧嘩神輿は儀礼的にも十分おこなう必要があった」とも記されている。

とはいえ、吉原祇園祭といえばやはり山車である。先述したように、その数は二一台。山車型と屋台型の二種類があり、太鼓の位置も異なるなど山車ごとの違いが大きい。そこがおもしろい。

山車がすれ違う際は、囃子の腕を競い合う「競り合い」が行われる。こうした囃子バトルの風習は全国の曳山祭で見られるものだが、やはり現場で体験すると胸が熱くなる。リズムを通して互いのプライドがぶつかり合う光景は、ラップのMCバトルを観ているようで興奮してしまう。

祭りの熱気がピークに達するなか、通りの向こうから内藤さん親子を乗せた六軒町の山車がやってきた。手を振ろうとも思ったけれど、内藤さんたちの表情があまりに真剣なものだから、僕は一度振りかけた手を引っ込めた。

内藤さんは太鼓を叩き、内藤さんのお父さんは笛を吹いている。その表情は落ち着いているものの、内面は燃えたぎっているようにも見える。チリチリと燃えさかる青い炎のような感じとでも言えるだろうか。

六軒町の山車は唐破風に唐獅子の彫り物が施されていて、裾周りには安藤広重「東海道五十三次」の場面も描かれている。聞くところによると、山車の内部にも金太郎伝説の彫り物が施されているそうで、外から見えないところまでこだわたっているところがなんとも粋だ。

囃子は本来、誰かに聞かせるためのものではない。かといって神々への奉納だけを目的にしているわけでもない。その中間領域で淡々と鳴らされる祭囃子のリズムに、こちらも静かに高揚させられるような感覚があった。これはふだんポップスやロックを聴いているときには感じることのない感覚だ。

かつて吉原祇園太鼓セッションズの活動に関して内藤さんはこう言っていた。

「音楽のツールとしての打楽器＝太鼓ではなくて、地域の生活の中で太鼓を叩いてきた人たちが音楽をやってる」

彼らは誰かに聴かせるため、あるいは自身の表現のために太鼓を叩いているわけではない。地域のなかで暮らすうえで行うさまざまな行動――食べる、働く、遊ぶ、話す、助ける、喜ぶ、泣くなどなど――と同じように「太鼓を叩く」「祭りを担う」「楽器を演奏する」という行動がある。そ

祭りのクライマックスは夜。囃子もさらにヒートアップ

して、そこには音楽の原点があるようにも感じられるのだ。

内藤さんたちは一年のうちの一か月間を祭りに捧げる暮らしを続けている。それは一年のサイクルのなかに祭りが組み込まれているということも意味している。

かつてはどの地域でも年中行事があり、月の満ち欠けや自然の変化とともに生きてきたわけだが、社会と生活の変化に応じてそうしたライフスタイルをみずから手放してしまった。でも、内藤さんたちは今もそうしたサイクルのなかに生き続けている。

考えてみると、内藤さんたちの生活のほうがよほどナチュラルに思えるのだ。平坦な暮らしがどこまでも続き、その先には死だけが待っている暮らしのなんと味気ないことだろうか。

僕は祭りと共に生きる人々の強さと美しさを吉原祇園祭で教えてもらったのだ。

参考文献
『富士市の文化財』(富士市教育委員会)

『富士市文化財調査報告書 第四集 吉原祇園祭』(富士市教育委員会)

「東海一の祇園 吉原祇園祭」(吉原祇園祭実行委員会)

09

# おわら風の盆

## 夜明けの門前町に浮かび上がるもの

富山県富山市

昼から夜へと移り変わる夕刻のことを「逢魔が時（おうまがとき）」と呼ぶように、太陽が昇り始める夜明けのことを「彼は誰時（かわたれどき）」と呼ぶ。

夜はひとつひとつの存在を闇によって塗りつぶしてしまうが、そこに光が差し込むことにより、ぼんやりとした存在に形が与えられていく。逢魔が時が魑魅魍魎に出会う時間帯だとすれば、彼は誰時とはそれらから解放される時なのかもしれない。

そんな彼は誰時には各地でさまざまな芸能が行われてきた。現在も朝まで行われる神楽は少なくないし、地域によっては夜通し盆踊りをやっているところもある。そのうちのいくつかを訪れたことがあるけれど、いずれの地域でも忘れがたい経験をすることができた。

岐阜県郡上市白鳥町の白鳥おどりは八月の盆時期、三日間にわたって徹夜おどりが行われる。この期間、通常は夜八時から一〇時（土曜は一一時）までと決められているおどりの輪は、朝四時まで続けられるのだ。

まさに彼は誰時、空が白み始めたころの熱狂を忘れることはできない。その時間帯に踊られる「世栄（よさかえ）」は白鳥おどりのエンディングテーマのようなものでもある。あと少しで音が止まり、そのあとはいつもと同じ日常がやってきてしまう。その直前の爆発とは、どこか刹那的なものであった。

あるいは、奄美大島のショチョガマ。これは稲の豊作祈願の一環として行われる農耕儀礼で、ショチョガマと呼ばれる藁葺き小屋の上に男たちが登り、日の出と共にその小屋を倒すのが習わしとなっている。倒壊したショチョガマの上で男たちは八月踊りを踊るのだが、そこにはそれまで溜め込んだエネルギーを一気に解放するような高揚感があり、生きることの喜びが爆発しているかのようだった。

前置きが長くなったが、本題は「おわら風の盆」（富山県富山市）である。

おわら風の盆は全国から二〇万人もの観光客が訪れる巨大イヴェントだ。オフィシャルの開催時間は九月一・二日の夕方五時から夜一一時まで、最終日となる三日は夜七時から一一時までとされている。

ただし、彼らが帰った夜更けから朝方にかけてアフターアワーズ的な町流しが行われ、それが素晴らしいのだという。現地ではそうした踊りのことを「夜流し」と呼ぶらしい。

そんな噂を聞きつけた僕は、九月三日の最終日に合わせて富山へと向かった。

最寄駅にあたる越中八尾駅に到着したのは夜一一時すぎのことだった。おわら風の盆の踊りは「町流し」と「ステージ踊り」という二種類に分類されるが、このうちステージ踊りはすでに終了している。

町流しとは各町ごとのチームで（文字通り）町を流すもので、その途中で輪踊りをしたり、ご祝儀を出した家の前で踊ることもある。そして、その町流しのアフターアワーズ版のことを夜流しという。

帰路につく観光客の大群と逆流するように、

目深に被られた編み笠も風の盆のシンボル

越中八尾駅からしばらく歩く。井田川にかかる十三石橋を渡ると、古くて品のある木造家屋が並ぶ味わい深い通りに出た。地図をみると、地名は八尾町下新町。沿道の寿司屋でテイクアウト用の折寿司を売っていたので、購入してベンチに腰かけて食べる。いなり寿司の味つけに品があり、とても美味しい。こんないなり寿司を出す寿司屋があるぐらいだから、さぞかし品のある土地柄なのだろう。

八尾は天文二〇（一五五一）年に現在の地へと移った聞名寺の門前町として開かれた。街道の拠点だったことから和紙や養蚕の交易、売薬などで古くから繁栄し、庶民のあいだでは長唄や浄瑠璃、義太夫などの芸能も親しまれてきた。おわら風の盆の背景に、そうした経済的・文化的な豊かさがあることは言うまでもない。

なお、八月の盆時期から少し遅れて行われるようになった理由としては、かつての八尾には養蚕農家が多く、蚕が繭になりはじめる盆時期は踊りどころではなかったことが関係しているらしい。

野澤豊一「もうひとつのおわら風の盆――夜を流す名人たち」（『富山の祭り――富山の祭り町・人・季節輝く』所収）によると、八尾の街中で歌い踊る風習がはじまったのは元禄一五（一七〇二）年ごろのことだという。当時「廻り盆」と呼ばれていたそうした風習は天保年間（一八三一～一八四五年）から明治初期にかけて全盛を誇り、あまりの盛り上がりから警察による取り締まりの対象になったとも伝えられている。

おわら風の盆といえば、「越中おわら節」に合わせてゆったり踊る光景が思い浮かぶ。艶やかでしっとりとしたそうした風景は「警察による取り締まり」とは無縁のように思えるけれど、かつての廻り盆では三味線や胡弓、太鼓のみな

胡弓の調べに乗せて夜流しは続く

らず、尺八や鼓、月琴、なかには石油缶をガンガン叩くものもいたりと、かなり騒々しいものだったらしい。卑猥な歌詞を即興的に歌うことも多く、現在の上品な歌の風景とはだいぶ違っていたようだ。

おわら風の盆もまた、明治以降さまざまなアップデートが進められて現在に至る。踊りは大正から昭和にかけて日本舞踊家などによって創作・整理されたものであり、おわら風の盆の代名詞とも言える胡弓のメロディーは明治一二（一八七九）年生まれの松本勘玄が越後の瞽女からヒントを得て導入したもの、節回しの土台は浄瑠璃仕込みの甲高い美声を特徴とする名手、江尻豊治（一八九〇〜一九五八年）が築き上げたものとされている。もともと廻り盆と呼ばれていた名称は、大正時代の半ばには「豊年盆」「風の盆」と呼ばれるようになった。そのようにひとりひとりの創作のもと、おわら風の盆のスタイルは形成されてきたわけだ。

現在のおわら風の盆の運営組織である富山県民謡越中八尾おわら保存会は、「旧町（きゅうちょう）」と呼ばれる一〇の町内と越中八尾駅前の福島地区の人々で構成されている。踊り手は町内在住の青年団（中学三年生から二五歳まで）と小中学生が中心を担っていて、彼らは二五歳を越えると基本的に卒業することになる。

一方、唄や演奏は幅広い世代が務めている。アンサンブルを構成するのは唄、三味線、胡弓、太鼓。

おわら風の盆の魅力は、そうした楽器類が奏でる哀愁あふれる演奏と八尾の音風景が混ざり合う点にもある。石畳の道を歩く足音、用水路を流れる水の音、狭い路地に広がる楽器の反響音、秋の訪れを感じさせる虫の音。それらの音が「越中おわら節」の旋律と渾然一体となり、訪れるものを包み込む。そうしたサラウンドの音響空間もまた、おわら風の盆の魅力だ。

おわらは、東京など八尾の外でも踊られる機会が増えている。そのうちのひとつを訪れたことがあるけれど、何か満たされないものを感じて早々にその場を離れてしまった。やはり風の盆にはあの音響空間が必要なのだ。「越中おわら節」の背後でドローン（持続音）のように鳴り続ける水の流れる音や石畳を歩く足音がないと、どうもしっくりこないのである。

　おわら風の盆は開催地のロケーションも素晴らしい。なかでも「日本の道百選」に選ばれた諏訪町通りあたりの風景は、思わずうっとりしてしまうほどだ。

　ただし、通りが石畳の道になり、無電線化の工事が行なわれたのは平成に入ってからのことなのだという。決して古いものではなく、その美しさとはあくまでも近年になって演出されたものなのだ。

　だからといって八尾の風景を「作られた伝統」と切り捨ててしまうのはおもしろくない。テーマパークのようにゼロから作り出しているのではな

石畳の風景に踊りが映える

く、伝わってきた風景や記憶を時代に応じて整理し、時には風土に合わせた創造を繰り返しながら、「現在進行形の伝統的風景」が構築されてきた。それはロケーションだけでなく、先述したようにおわら風の盆の様式すべてに言えることでもある。伝統行事の継続が各地で困難になりつつある今、そうした創造と継承のプロセスには重要な意義があるように思える。

時代が移り変わりゆくなかでおわら風の盆がどのように変容し、現在にいたる様式やイメージが作り上げられてきたのか。その変遷については文化地理学の研究者である長尾洋子の『越中おわら風の盆の空間誌――〈うたの町〉からみた近代』に詳しいので、詳細はそちらに譲りたい。

夜流しの風景もまた、時代に合わせて変わり続けている。

古い時代はごく少人数の名人たちだけが演奏を許されていたそうで、多くの踊り手で賑わう現在に比べれば、かなりストイックなものだったようだ。現在では各町で夜流しが行われるようになり、そのために八尾にやってくる僕のような物好きも少なくない。

基本的に夜行性の人間である僕にとっても、深夜から朝方にかけて八尾の町を徘徊するのはなかなかハードな体験であった。八尾は「坂の町」とも呼ばれるだけあって、とにかく坂が多い。そのため年配の観光客が道端で座り込んでいる光景もよく見かけたし、夜流しを追いかけていた踊り愛好家もまた、朝が近くなるにつれひとりずつ脱落していくのである。

だからこそ、彼は誰時の夜流しは、最後まで残った者たちへのご褒美のように思えた。空が少しずつ白み始めるなか、踊りと演奏は淡々と続いてゆく。誰に見せるためでもない。ただ踊りが続いていくのである。

音が止まる直前、沿道でその様子を見ていたひとりの老婆が、列の最後尾に加わり、慣れた感じで踊り始めた。何気ないその踊りからは、彼女が長年この踊りに親しんできたことが伝わってきて、思わずジーンとしてしまった。その動きには彼女自身の暮らしと踊りがナチュラルに結びついていて、地域芸能のもっとも美しい瞬間を見たような気がした。

ああ、八尾に来てよかった。心の奥底からそんな感慨が込み上げてきたものである。

万葉集にはこんな一節がある。

暁のかはたれ時に島蔭を漕ぎ去し船のたづき知らずも（第二〇巻 四三八四番歌）

意味はこうだ――「暁のまだ明け切らない薄暗いうち、島陰を漕いでいった船がどうなったか知りようがない」。作者は奈良時代の防人（さきもり）である他田日奉得大理（おさだのひまつりのとこたり）。筑紫に派遣される船上で歌ったものと伝えられている。

闇と光が混ざり合うひととき、一隻の船が静かに島陰へと消えてゆく。彼は誰時の八尾

うっすらと空が白むなか、夜流しはフィナーレを迎える

を流す踊り手たちもまた、同じように闇の向こう側へと消えていったのだった。

朝の越中八尾駅は疲れきった観光客で溢れていた。夜の八尾を歩き回り、踊りを追いかけ続けたのだから無理はない。僕自身、全身ガタガタになっていたけれど、一晩かけて踊りの場を味わったという充実感でいっぱいだった。

参考文献

阿南透・藤本武編『富山の祭り——富山の祭り町・人・季節輝く』(桂書房)所収、野澤豊一「もうひとつのおわら風の盆——夜を流す名人たち」
長尾洋子『越中おわら風の盆の空間誌〈うたの町〉からみた近代』(ミネルヴァ書房)

# 10 蓮華会・蛙飛び行事

大青蛙が愛想を振りまく奇祭

奈良県吉野郡吉野町

今までいろいろな祭りを見てきたけれど、毎年七月七日に奈良県吉野郡吉野町で行われる「蓮華会・蛙飛び行事」は、他に似たものが思いつかないほど風変わりな祭りだ。

どこかのゆるキャラにしか思えないカエルくんが神輿に乗り、沿道の人々に愛想を振りまいている写真を見てほしい。これがどこかの地域の夏祭りならば理解もできるけれど、舞台となるのは修験道の聖地である金峯山寺（きんぷせんじ）なのだ。金峯山寺は修験道の開祖と伝えられる役行者（えんのぎょうじゃ）が創建したといわれる寺院で、祭り自体も延久年間（一〇六九〜七四年）の故事に基づいている。つまり、こう見えて由緒正しい修験道の儀式なのである。

カエルのイメージが織り込まれた行事自体はそれほど珍しくない。たとえば兵庫県篠山市今田町には「カエロカエロ」と飛び跳ねる「蛙おどり」があるし、僕が知らないだけで他にもあるはずだ。だが、蛙飛び行事は何よりもヴィジュアルのインパクトが大きい。カエルの被り物は修験道の聖地で継承されている伝統行事とは思えないほどヴィヴィッドでポップだし、案の定、ネット上にはこの祭りをおもしろおかしく語る言葉が散見される。

僕はそうやってよその風習を斜めから笑い飛ばす風潮があまり好きではない。祭りの当日にその地域を訪れ、数日中にはそこを去る僕のような旅行者は、地域における部外者でしかない。部外者ならば地域の風習を部外者らしく――つつましく、節度をもって――見つめるべきではないか。ばかばかしい風習として嘲笑するのは、どうも悪趣味にしか思えないのだ。

そんな僕の目から見ても、やはり蓮華会・蛙飛び行事は風変わりである。馬鹿にするつもりはないけれど、どうしてもおもしろがる視点が出てきてしまうのである。

先にも書いたように、蛙飛び行事はとある故事に基づいている。時は延久年間（一〇六九～一〇七四年）、今から千年ちょっと前の話だ。岩井宏實『地域社会の民俗学的研究』からその由来を引用しよう。

昔白河天皇の延久年間のこと、金峯山に参詣する修験者のなかに、平生から神仏をあなどり、人の苦しみを喜ぶつまらぬ男があった。この男は「行者と俺とどちらが尊いか、悪いといわれる俺が山上へきても何のさわりもない。いくら行者でも仏の力でもこの俺にかなわないと見える」と言って笑い、行者を侮辱した。するとたちまちあたりは真っ黒な雲に包まれ、その男は鷲の窟の上にさらわれてしまった。

さすがの男も「今日から真人間にたちかえりますからお助けください」と後悔して助けを求めた。すっかり改心したのを見た金峯山の高僧がかわいそうに思い、「お前を助けてやるがとても人間としては助けられないから、蛙にして助けてやろう」と呪をかけるとその男はカエルになり、窟の上から救ってやった。それから蔵王堂に連れてきて、蔵王権現の宝前で祈禱したところ、その法力によってふたたび人間に立ち返ることができたという伝説があって、蛙飛び行事はその模演であるというのである。（岩井宏實『地域社会の民俗学的研究』）

わざわざカエルにせずとも修験道の法力によって鷲の手から救えばいいような気もするけれど、呪術を使って人からカエルへ、カエルから人へと自由自在に姿形を変えてしまうのが修験道の力なのだろう。この故事は「神仏を侮るとカエルにされてしまうぞ」という教訓を語るものである同時に、修験道の力を知らしめるものでもあるわけだ。

だが、現代の暮らしにおいて修験道の摩訶不思議な力を示す必要はないし、それだけで現代まで祭りは続けることはできない。何か別のモチベーションがあるのではないだろうか。それを知りたければ、やはり現地で体験するしかないのである。

蛙飛び行事は毎年七月七日、蓮の花を蔵王権現に供える蓮華会の一環として金峯山寺の蔵王堂境内で行われる。

ただし、その前に重要な行事がある。蔵王権現に供えられる蓮の花を摘み取る「奥田蓮取り行事」だ。その風習は室町時代の記録にも残っているそうで、六〇〇年を超える歴史があるとされている。

こちらの舞台となるのは吉野山ではなく、奈良県大和高田市奥田の捨篠池（すてしのいけ）。奥田は役行者の生誕伝承のある地であり、捨篠池には役行者が産湯を浸かったという伝承も残っている。つまり、奥田は役行者という修験道のレジェンドゆかりの地なのだ。

奥田蓮取り行事は朝一〇時から行われるというので、その時間に合わせて現地に到着した。

捨篠池はよく手入れされた美しい池だった。水面には色鮮やかな蓮の花が浮かんでいて、その隙間を縫うように、行者が乗った船がゆっくり進んでいく。まるで説話の世界が目の前に蘇ったような光景に、思わずため息が漏れる。

蓮花を摘んだ行者たち一行は、一一時すぎに出発。役行者の母である刀良売（とらめ）の墓を参拝したあと、捨篠池を一周。畔に立つ弁天神社で大護摩供をしたあと、いよいよ吉野へと向かう。僕らも車を運転し、吉野山へと急ぐ。

捨篠池から吉野までの道中は典型的なロードサイド的風景が続く。同じようなチェーン店の飲食店が並び、その隙間を縫って要塞のような巨大ショッピングモールが姿を現す。こうした風景は

幻想的な奥田蓮取り行事のワンシーン

全国どこに行ってもさほど変わらない。地名が記された案内標識がなければ、ほとんど見分けがつかないだろう。

だが、吉野に近づくにつれて似たようなロードサイド型店舗が少しずつ減り、車窓には山深い山村の風景が広がっていく。車の中からも森の空気が濃くなっていくのがわかる。

一二時ごろ、吉野山麓の下千本駐車場に到着。ここから約一五分ほど歩くと金峯山寺に着き、さらに一五分歩いてようやくカエルくんこと大青蛙を乗せた太鼓台が出発する竹林院前に到着する。

すでに大青蛙は周囲の人々に愛想を振りまいていて、その姿を見るだけで旅の疲れが一気に吹き飛ぶ。太鼓台の担ぎ手たちも談笑していて、なんともいい雰囲気だ。

一二時半になると、いよいよ大青蛙を乗せた太鼓台が出発。神輿を担ぎながら傾斜の厳しい坂を下っていくため、担ぎ手たちはなかなか辛そうだ。大青蛙はその苦労を知ってか知らずか、沿道の人々に手を振ったりと楽しそうにしている。途中何度か太鼓台がゆっさゆっさと練られるが、そのたびに大青蛙が戸惑っているように見えるのがおもしろい。

大青蛙を乗せた太鼓台は、蓮花を運んできた行者一行とロープウェイの吉野山駅で合流すると、一群となって蔵王堂まで練り歩く。

その間、僕らは通りの豆腐茶屋で昼食を食べることにした。考えてみると、東京を出てからろくに食事を取っていないのだ。祭りのスケジュールを追いかけているうちに昼食を食べるタイミングを逃し、仕方なくコンビニのおにぎりをがっつくことがよくあるが、このときはきちんと昼食、それも吉野名物である豆腐尽くしのランチを食べることができた。時間をかけて美味しいものを食べれば、疲れもとれるものである。

三時半ごろから蔵王堂で献花の法要が行われ、

太鼓台の上から大青蛙が手を振る

続いて四時すぎには大青蛙が登場して蛙飛び行事が始まる。このあたりの段取りは素人目にはなかなか判別しにくいが、『奈良県無形民俗文化財ガイドブック2018』にはこのように記載されている

蛙はまず右の脇師の前に跳びながら進み、偈（げ）を授かり、続いて左の脇師の前に進んで、偈を授かる。最後に内陣の大導師の前に出てかしこまり、大導師から真言と懺悔文を授かることで人間にたち戻る。

（『奈良県無形民俗文化財ガイドブック2018』）

新纂浄土宗大辞典によると、「脇師」とは「伝灯師あるいは伝戒師の両脇に侍する役職」のことを指し、「偈」とは「仏の教法や仏の功徳をたたえる韻文のこと」だという。

神妙な面持ちの大導師と大青蛙

行者たちが吹く法螺貝が鳴り響くなか、大青蛙は大導師に続く階段を何回も登り降りし、最終的に「人間に戻れた！」と被り物を脱いで一礼する。観客から自然に拍手が起こる。何とも微笑ましい瞬間だ。

この行事は修験道の力をアピールすると同時に、修験道の考え方を広く伝えるためのデモンストレーションでもあったのだろう。それもとてもわかりやすい形で。

なお、金峯山寺は明治の廃仏毀釈（はいぶつきしゃく）のなかで一度廃寺となり、蓮華会もそのとき途絶えている。その後金峯山寺が再興されるとともに、蓮華会も昭和五（一九三〇）年に再開された。青江智洋は「吉野観光と蓮華会の復興」（『奈良県無形民俗文化財ガイドブック２０１８』所収）のなかで、一度途絶えていた蓮華会が再開された背景として、昭和三（一九二八）年に吉野鉄道が吉野山麓まで開通したこと、その翌年に山中へと続くロープウェイが開業したことがあったのではないかと指摘している。つまり、蛙飛び行事のカエルくんは観光コンテンツのシンボルとして（文字通り）担ぎ出されたとも言えるのだ。

ただし、現地で体験して感じたのは、蛙飛び行事という風変わりな行事が単なる観光コンテンツではないということだった。

金峯山寺周辺は世界的な観光スポットとして多くの観光客で賑わっていて、その先には熊野へと至る修験の広大な世界が広がっている。そのことを示すように、蛙飛び行事の翌日には、山上ヶ岳の大峰山寺（奈良県吉野郡天川村）まで蓮が運ばれ、献花の法要が行われる。大峰山寺は役行者が天武天皇元（六七二）年に建立した蔵王堂を原点とする修験道の根本道場でもある。大和高田市の捨篠池から出発した蓮の花は、吉野の金峯山寺を経て山上ヶ岳の大峰山寺へ、つまり役行者ゆかりの地を巡るのである。

かわいらしいカエルの姿で本来の目的を見失いそうになるけれど、いくつもの伝承が繋ぎ合わさ

大青蛙が僧侶と肩を並べて歩く光景に思わず笑みが

れ、一本の信仰の道が浮き彫りとなるところに蓮華会・蛙飛び行事の奥深さはある。それは現地を訪れてみて初めてわかったことでもあった。

第一、「神仏を侮るとカエルになるぞ」という戒めは、いくら時代が移り変わろうとも説得力がある。いくらかわいいと言っても、誰だってカエルにはなりたくないものである。

参考文献


『奈良県無形民俗文化財ガイドブック2018』(奈良県教育委員会事務局文化財保存課)

大谷学会・編『大谷学報74』(大谷学会)所収、豊島修「北嶺修験の蓮華会と験競べ 太鼓乗り行事を中心に」

岩井宏實『地域社会の民俗学的研究』(法政大学出版局)

「ウェブ版新纂浄土宗大辞典」(浄土宗)

11

二体の鬼が暴れ回る修正会の祭り

# 田遊び・鬼会（おにえ）

兵庫県加西市

「むちゃくちゃしよる！」――青鬼が振りかざした鉾が、アマチュアカメラマンのおじさんの顔のすぐ横をかすめた。おじさんは悲鳴のような声をあげた。

こっちも自分の身を守るので精一杯なので、おじさんのことを気にかけている余裕がない。おじさん、ごめん。心のなかでそう謝っていると、今度は僕の頭上から火の粉が振りかかってきた。赤鬼が火の点いた松明を振り回しているのだ。火そのものの恐怖は国東半島のケベス祭りのほうが上ではあるけれど、こちらは凶器を持った鬼たちが暴れているため、気を抜くとやられてしまいそうな緊張感がある。

そもそも「田遊び・鬼会」がこんなにもハードな祭りだとは思っていなかったのだ。ここまで電車とレンタカーを乗り継いでわりと気軽に来てしまったものだから、気持ちの準備ができていない。それはカメラを抱えたおじさんたちも同じようで、「そんなの聞いてないよ！」という表情で鬼の攻撃から身を守っている。

「シュッ！」

青鬼が振りかざした鉾が僕の至近距離で空を切った。危ねえ！　むちゃくちゃしよる！

兵庫県加西市上万願寺町・東光寺。比叡山延暦寺の末寺にあたるこの寺院は、白雉二（六五一）年に創建された古刹である。天文七（一五三八）年には赤松氏の兵火によって全焼するものの、そうしたなかでも本尊である薬師如来は一切損傷しなかったと伝えられている。

毎年一月八日、この東光寺で行われているのが「田遊び・鬼会」だ。地元に残る古文書によると、室町時代末期から始まり、途中何度かの中断を経て現在まで続けられているというから四五〇年近い歴史があることになる。

この祭りでは苗代作りから苗取りまでを模擬的に演じる「田遊び」、赤と青の鬼を主人公とする「鬼会」が行われる。素朴な田遊びもとても興味

青鬼が振りかざす鉾がうなりを上げる

深いものだが、僕の心を摑んだのは鬼会の面だ。鬼というと得体のしれないものとして一種の畏れを込めて造形化されてきたが、東光寺の鬼面には愛嬌すら感じられる。「昭和のギャグ漫画に出てきそうなルックス」などと表現すると鬼たちから怒られてしまうかもしれないけれど、なんとも惹きつけられるものがあるのだ。

鬼会は天下泰平・五穀豊穣などを祈願する正月の法要「修正会（しゅしょうえ）」の一種でもある。大阪から兵庫にかけては修正会に鬼が登場するところが多く、東光寺の鬼会もその一例だ。また、同じ兵庫県の神戸市で行われている「近江寺の鬼やらい」（兵庫県神戸市）の鬼は不動明王と毘沙門天の化身とされているが、東光寺のものは薬師寺如来の化身とされている。『加西市史第六巻 本編6 民俗』では東光寺の鬼たちについて、このように解説されている。

鬼というと悪い鬼を思い出す人が多いが、ここでの鬼は海のかなた、または山奥から祝福のために人里へと降りてくる神で、正月に訪れる歳神と同じ性質を持っている。立春を正月とする考えから、節分にも鬼追を行う地区もある。（『加西市史第六巻 本編6 民俗』）

山から降りてくる神様というと、僕はやっぱりナマハゲを連想する。ナマハゲが山の神の使者でもあるように、鬼会の鬼たちもまた、神の使いという一面を持っている。東光寺の鬼面に刻まれた重層的なイメージは、こうした背景と関係しているのかもしれない。

東光寺に到着したのは夕方五時すぎだっただろうか。東光寺は上万願寺町の北端に位置しており、寺の裏手には小高い山が広がっている。季節は冬。木々の向こうから吹き抜ける風はしんと冷たく、身体から少しずつ熱を奪っていく。

寺の壁面には巨大な鏡餅が飾られていて、十字で椎の割木がくくられている。どこか呪術的な雰囲気があって、これから始まる鬼会に対して期待が高まる。

行事のスタートまでは少々時間があるものの、すで

巨大な鏡餅が鬼会への期待を煽る

に寺院の一角で僧侶がお経をあげているので近づいてみよう。これがとても不思議なお経で、経典をパラパラと投げるようにめくっている。後日知ったのだが、これは「転読」と呼ばれるもので、一部を読むことで全体を読んだこととするらしい。読んでいるのは大般若経の理趣経だ。

会場内のブースでは地元の方々が手料理を振る舞っている。里芋や鶏肉などが入った味噌仕立ての「鬼汁」、駄洒落まじりの「鬼の子ロッケ」。どちらもなんと一〇〇円。ブース横のスピーカーからは演歌が流れている。

日が沈みきった夜七時、東光寺の本堂を舞台に田遊びが始まった。

「徳丸の田遊び」の項で触れたように、田遊びは稲の豊作を願う予祝の農耕儀礼だ。『加西市史第六巻 本編6 民俗』から引用すれば、東光寺の田遊びもまた「田の中に眠る穀霊の発動をうながし、その魂によって当年の稲が豊かに実ることを祈る行事」であり、「苗あるいは模擬田（東光寺では礼堂内）を神の依代とし、それらに田の神の降臨を願い豊作を願う」ものとされている。

田遊びの主役となるのは、黒い面をつけた福太郎・福次郎。裃と袴を着用し、立烏帽子をかぶっている。黒い面が独特の雰囲気を放っていて、まるで能面のようだ。

彼らが演じる農耕儀礼は古式めいたもので、「唱えごと」と「志唄」が交互に演じられる。「志唄」はユーモラスな言葉遊びを含んでいて、なんとも楽しい。当日配布されたパンフレットによると、文句はこんな感じだ。

取ろうよ（ソーレ）取ろうよ（ソーレ）わが取る苗は一つ葉が二つ葉（ソーレ）三つ葉が四つ葉（ソーレ）昨今までも殿も栄えましょます（ソーレ）川にせん水、めじろの柳、田を作らば門田を作れ。入り来たる唐箕は蔵の中へ。ぞうろり、ぞうろり。

呪文めいた感じがするのは、舞台セットのように飾られた十字の鏡餅のせいだろうか。福太郎と福次郎の横には作務衣の上に着物を着た介添人が二人と、多可町楊柳寺の住職が務める田主がひとり。

田遊びの途中、松明に火が灯された。一月の極寒のなかなので、煌々と燃える炎を見ているだけで冷えきった身体が温かくなってくるような感じがする（ただし、そんな悠長なことを言っていられるのはこのころまでだった）。

田遊びは最後、観衆に米を投げて終了となる。

インターバル的に「鬼ん子」と呼ばれる子供・青年たちが棒打ちを披露。彼らが棒をドンドンと本堂の床に叩きつけていると、そのリズムに煽られるかのようにいよいよ赤鬼・青鬼が出てくる。よっ、待ってました！

鬼たちは鱗模様の上下、それも紺と緑の色違いに身を包んでいる（今風の表現をすればセットアップか）。赤鬼は腰に木槌を刺し、手に松明を持つ。青鬼が手にしているのは頑丈そうな鉾だ。かつて鬼役は上・下万願寺町の男子、それも一九歳の厄年となるものが務めていたが、近年は若者の減少からそ

（左から）赤鬼と青鬼。二体並ぶと、さすがに迫力がある

の限りではないという。

生で観ると、鬼たちの面は思っていた以上に大きく、黒光している。どこか不気味な感じはあるものの、決して怖くはない。話せばわかってくれそうな感じとでも言えるだろうか。

鬼ん子たちが床を打ち鳴らしながら鬼を囃し立てる。「鬼こそ鬼よ、西下の鬼よ」——そんな威勢のいい声が響き渡る。

鬼は本堂内をぐるぐると回ったあと、鬼部屋と呼ばれる奥の部屋へ消える。鬼ん子たちの棒打ちに合わせ、ふたたび登場。そのサイクルを何度か繰り返していくうちに、鬼たちが次第に荒ぶってくるのである。さっきまでは「話せばわかる」感じだった鬼たちが、何をしでかすかわからない存在へと変容していく。

鬼が松明を柱に打ちつけるたび、火の粉が舞い散り、青鬼が鉾を振り回す。本堂の周りで陣取っていたアマチュアカメラマンたちはもはや写真どころではない。

境内に焚かれている松明は最初暖をとるためだと思っていたが、この祭が火祭としての側面も持っていたことに気づかされた。考えてみると、東光寺は一度赤松氏の兵火によって全焼した過去があるわけだが、そうした寺院で火の祭が続けられているということに特別な意味を感じてしまう。

鬼会は夜九時前には終了。その後、本堂内に取りつけてある大鏡餅の荒縄を切り、赤鬼・青鬼役の青年二人が餅を担ぎ、暗い階段を降りてゆく。

最後は椎木にくくりつけてあった「鬼の花」を若者たちが奪い合い、祭は終わる。鬼の花は仏に供える削り花で、この花を水田の入り口に刺すと虫がつかない

柱に松明を打ち付けると、周囲に火の粉が舞った

とされていたという。虫追いや虫送りとも繋がる話である。

とても興味深いのは、司会を務めた保存会の方が「鬼会は農耕儀礼です」と断言していたことだ。田遊びと鬼会を一緒に行う地域はあまりないようだが、上万願寺では同じ農耕儀礼として繋がっている。鬼会の鬼は歳神であり、山の神であり、田の神でもあるのだろう。

後片付けをしていた保存会の男性に話を聞くと、「昔は境内に入り切らないぐらい人がいたんですよ。でも、今はこれぐらいになってしまった。過疎化で継続もなかなか難しい」とぽつりとつぶやいた。確かに境内はアマチュアカメラマンたちで賑わっているものの、祭りの担い手や地元住民の数は決して多いようには見えない。

祭りの担い手からこうした言葉を聞くのは、決して珍しいことではない。むしろこの本で取り上げた祭りの多くが厳しい現状にあるはずだ。そうした言葉に触れるたび、僕は返答に困ってしまう。祭りを愛する者としては「続けてください！」と言いたいものの、担い手が高齢化し、ごくわずかな人数で必死になって祭りを続けている現状を知ると、そう無責任な言葉を返すこともできない。

僕にはいったい何ができるのだろうか？　そう自問自答しながら、僕は車のエンジンをかけた。

参考文献

『東光寺 田遊び・鬼会』（東光寺追儺式及び田遊び保存会・加西市文化遺産活用実行委員会）
『加西市史第六巻 本編6 民俗』（加西市）
久保田裕道『日本の祭り 解剖図鑑』（X-Knowledge）

# 12 御燈（おとう）祭り

## 熊野信仰の聖地に始源の火が灯る

和歌山県新宮市

最近になって気づいたことがある。

僕が祭りの世界にのめり込むきっかけになったのは、二〇〇九年二月に参加した「御燈祭り」（和歌山県新宮市）だったのではないか。あの夜、特別な体験をしたことにより、僕は祭りの世界にズブズブとはまり込んでしまったのではないか、と。

そのころの僕は日本の民俗文化にとりたてて強い関心があったわけではなかった。妻とともに約一〇か月間ほど世界各地を旅し、日本に帰国したのが二〇〇八年春。ヨーロッパや南米、カリブなどを一気に回り、海外への憧れもひと段落したところで、たまには日本も旅してみるか、そんな気持ちが少しだけ湧き上がっていたころだった。

ある日、三重県尾鷲市出身の音楽ライター、桑原シローさんからこんな誘いがあった。

「御燈祭りに行ってみない？」

しかも単に見物しに行くのではなく、装束を着て実際に祭りに参加してみないか、そんな何ともそそられる誘いだった。桑原さんの実家がある尾鷲から新宮までは車で一時間ほど。桑原さんは「帰省ついでに御燈祭りに参加してみるか」という軽い気持ちだったのかもしれないけれど、僕もまたふたつ返事でその誘いに乗ったのだった。

日本の祭りについてそれほど知識のない当時の僕であっても、御燈祭りの名前ぐらいは知っていた。新宮出身の作家・中上健次のオリジナル脚本として映画化された柳町光男監督作品『火まつり』、あるいは同作の小説版において御燈祭りは重要なモチーフになっていたからだ。小説版にはこんな描写もある。

二月の寒い時季の火祭りは、酒が入るせいでよく荒れた。近隣の男らが一週間も十日も前から女を遠ざけ、身を清め、その日、白装束に荒縄を腹に巻きタイマツをかついで、市内にある三つの社を参拝して山に登る。辻々で酒を振る舞われ、市中は酔った登り子らの天下となり、町の方々で喧嘩が起きる。白装束は顔を見ない限り、誰が誰だか分からなくなる。（中上健次『火まつり』）

こうした描写ののち、ラスト近くでは狂気をはらんだ御燈祭りのシーンが出てくる。燃えさかる何千もの炎、男たちの怒号、濃密な祭りの気配——。

桑原さんからの誘いにふたつ返事で乗った背景には、中上作品から受け取った強烈なインパクトがあった。あの物語の中に自分の身を置いてみたい。そんな素朴な欲求に突き動かされ、真冬の新宮をめざすことになるのだ。

ただし、そうした選択は思いつきに近いもので、そのときの体験が自分の人生を大きく左右することになるとは、まったく想像もしていなかったのである。

御燈祭りとは毎年二月六日に行われる神倉神社の祭礼だ。松明を手にした二千人もの男たちが神倉神社が鎮座する神倉山の山頂から一気に駆け降りる、荒々しくも神聖な儀式である。神倉神社に上がる男たちのことは「上がり子」と呼ばれ、女性が参加することはできない。

御燈祭りはまた、新宮の町そのものを体験する祭りでもある。上がり子たちは熊野速玉大社や阿須賀神社など新宮三社と呼ばれる古社を詣った後、神倉神社に集結することになるが、その道中で新宮という地の空気に身を浸すことになるのだ。

熊野本宮大社、熊野那智大社と共に熊野三山に数えられ、全国四千社以上といわれる熊野神社の総本社である熊野速玉大社。新宮はその門前町として栄えた町であり、熊野信仰の中心地でもある。

熊野信仰は「伊勢へ七度、熊野へ三度」ともいわれ、中世以降、庶民のあいだに広がった。熊野本宮観光協会のウェブサイトには「地の果てともいわれる熊野三山が、熱狂的な信仰をあつめた要因のひとつは、熊野権現は神仏一体であり、貴賤男女の隔てなく、浄不浄をとわず、なんびとも受け入れたことであるといわれている」と誇らしげに綴られている。

御燈祭りが行われる神倉神社はその熊野速玉大社の摂社であり、熊野大神が熊野三山として祀られる以前、最初に降臨した聖地とされている。つまり、熊野信仰の発祥地なわけだ。

神倉神社のトレードマークはご神体となる巨大なゴトビキ岩。岩の形がヒキガエルに似ていることからそう呼ばれているそうで、ゴトビキ岩に小さな社が張りつく光景は、この地に伝わっていた古い信仰の姿をしのばせる。また、この神倉山はかつて「神倉聖（かんのくらひじり）」と呼ばれる修験者の拠点であり、石段の登り口には山伏寺があったのだという。

御燈祭りの最中、ゴトビキ岩は上がり子たちの持つ松明に包み込まれるわけだが、その光景もまた、炎が持つ原始的な力を感じさせる。白川琢磨は論考「修験道の色彩シンボリズム 神倉御灯祭りを中心に」のなかでこう書いている。

神倉山で起こされる火は、村の一年の営みを支える最初の火であり、それを管理したのが神倉聖という修験者であった。かつては、この二月六日夜の行事の後、八日に仏教の正月行事である修正会が行われたという点からみても、この行事が年越しに際して神倉聖によって行われた火の更新の儀式であったことは明らかである。また、ここには一年の最初の火だけではなく、神話的過去における始源の火という意味も見出せる。（『自然と文化 新春号』所収、白川琢磨「修験道の色彩シンボリズム 神倉御灯祭りを中心に」）

神倉山から下る上がり子の流れは「火の滝」「下り龍」とも称される。『和歌山県の祭りと民俗』には「熊野神が降臨された足跡を再現するもの」と説明されていて、確かに真っ赤な炎の道が山頂から麓へと続く光景は、今まさに神が降臨しているかのようだ。

和歌山にはこうした火祭りが数多く継承されている。有名なところでは「那智の火祭り」とも称される熊野那智大社の祭礼「那智の扇祭り」があるし、串本町大島樫野の雷公（なるかみ）神社の秋祭では、松明をもった若者たちが神社まで走って参詣する火祭り神事「走り参り」が行われている。また、かつらぎ町花園梁瀬の下花園神社では大晦日の夜、巨大な松明を数人がかりで担ぎ上げる「大松明押し」が続けられている。

それぞれの祭りに異なる背景があるのは言うまでもないけれど、火に特別な力を見ている点はいずれも共通している。

上がり子の流れが火の滝を描き出す（写真提供・新宮市観光協会。以下同）

火とはあらゆるイメージを受け止める摩訶不思議な存在であり、なおかつこの世とあの世を繋ぐ一種のツールみたいなものなのかもしれない。

さて、僕が御燈祭りを体験した今から一五年前の記憶を辿ってみよう。このときはまさか自分の著作で祭りの体験談を書くことになるとも思ってもいなかったので、細かくメモをとっていない。そのため記憶が曖昧なところも多いのはご了承いただきたい。また、僕は桑原さんのご実家の繋がりで、とあるグループに参加させていただいたのだが、段取りなどはグループによって多少の違いがあるのではないかと思う。

上がり子たちにとっての御燈祭りは開催日の一週間前から始まる。肉食や飲酒を断ち、豆腐や白米、はんぺん、しらす、かまぼこなど白いものだけを口にする精進禊斎（しょうじんけっさい）の生活を強いられるのだ。

僕は酒は好きだけれど、毎日呑まなくてもいいという人間なので、断酒はそれほど苦ではない。だが、色彩のない食卓がこれほどまでに味気のないものかと、そのとき気づかされた。いくら満腹になっても心のどこかが満足しないのだ。どの程度厳密に一週間の精進潔斎生活を送っていたのか、細かい部分までは覚えていないけれど、御燈祭りが終わったあと、桑原さんのお母様が振る舞ってくれたすき焼きが涙が出るほど美味しかったことは覚えている。

祭り当日の朝、上がり子たちは浜や川で禊をすることになっている。僕らもふんどし一丁で早朝の海に浸かり、身体を清めた。二月の海水は肌を刺すように冷たく、足の先を少し浸しただけで脳天まで寒気が駆け上がった。

上がり子たちの正装は白襦袢、白股引、白頭巾、白足袋といった白づくめの格好である。腰から腹にかけて荒縄を巻くと、きゅっと身が引き締まった。

手に持つのは、ヒノキの板を五角錐に組み合わせた松明。各面に願いごとを書くことになっており、悩んだ挙句、家内安全など当たり障りのないことを書いた。松明の先にはヒノキを薄く削ったフサがついており、これを地元では「ハナ」という。上がり子は山頂に着くと松明からこれを抜いて集め、いくつかの山にしてご神火をそこにいただく。なお、こうした松明も一本一本地元で作られているのだという。

熊野速玉大社で参拝をし、いよいよ出発。慣れない草鞋履きなので最初は違和感があるものの、歩いているうちにそれほど気にならなくなってくる。人間の身体は案外すばやく環境に順応するようになっていて、うまくできているものだと思う。

沿道では日本酒を振る舞っていて、僕も遠慮なくいただいた。くっと流し込むと身体がじわりと熱くなり、気持ちが高揚していく。歩いているうちに酔いは覚めてくるものの、そのころに次の日本酒をいただく。そうやって何杯もの酒を煽っているうちに、少しずつ祭りの空気に馴染んでいくのである。

通りでは僕らと同じ白装束に身を包んだ上がり子たちが行き交っていて、すれ違うときは「頼むでー」と声をかけながら松明をぶつけ合う。そうした祭りの作法は最初いくらか照れ臭いものの、酒の効果もあるのだろう、徐々に照れ臭さが払拭されていく。

上がり子たちは入山終了時刻となる夜七時までに神倉山に登る決まりとなっているので、

その少し前から石段を登ることになった。

坂は思っていた以上の急勾配だ。石段もきちんと整備されているはずもなく、不規則でガタガタしている。のちほどここを駆け降りることになるわけで、足を踏み外したときのことを考えるとぞっとしてしまう。階段の数は五八三段。息を切らしながら登っていくと、目の前に巨大なゴトビキ岩が現れた。何者かが意図的にそこに置いたかのようなその光景はどこか現実感がなく、確かにこれから神が降りてきそうな感じがする。

一方、鉾や御幣を掲げた斎主や介錯人の一行は、熊野速玉大社から神倉神社をめざして六時に出発。時間をかけて神倉山に到着すると、ゴトビキ岩に

息を切らしながら石段を登る

張りついた神倉神社で儀式を行い、御神火を起こす。

斎主がその火を松明に移し、上がり子たちが待ち受けるなか登場すると、大きな声が上がった。ただし、炎はそのまま上がり子に渡されるわけではない。山の中腹にある中の地蔵と呼ばれるところまで運ばれ、そこで待機する上がり子にご神火は渡される。その上がり子の火が山頂にふたたび戻ってくるまで他の上がり子は待たされることになるのだ。

この時間がやたらと長い。そして、待たされることによって男たちは苛立ち、興奮状態になっていく。燃えさかる松明を手に神倉山を駆け降りることがそのクライマックスであることは誰もがわかっているわけだが、その直前で待たされ続けることで、もう一段階深く祭りの世界へと引きずり込まれるのだ。

戻ってきた大松明の火がひとりひとりに手渡されると、神倉山はあっという間に火の海に包まれた。目を覆うほどに眩しく、闇夜に突如陽光が差し込んだような感じだ。ただ、うっかりしていると白襦袢に火が点火してしまいそうで怖い。実際、すぐ近くの若者が白襦袢の裾に火を点けてしまい、仲間が慌てて揉み消している。

山門が開かれてスタートとなるわけだが、これがまたなかなか開かない。山門の前では血気盛んな若者たちが松明で殴り合いの喧嘩をしていて、凄まじい怒号が聴こえてくる。そこには映画『火まつり』と寸分違わない光景が広がっていた。

いざ山門が開かれると、誰よりも先に麓へと到達しようという若者たちが一気に弾け飛んでゆく。

僕らはそんな無理をすることもなく、老人や子供たちと一緒に石段を一歩一歩慎重に降りていく。自分の心を落ち着かせるように、自分を見失わないように。こんな急勾配の坂で足を滑らせたらたまったものではないし、もしも転げ落ちたら自分ひとりの怪我だけでは済まないだろう。麓に到着したあと、先頭集団の若者たちを見かけたが、白

火の点いた松明を手にじっと佇む

装束がビリビリに破れていて乱闘の激しさを物語っていた。

妻たちが待つ麓に戻ってきたときの安堵感はなかなか言葉にできない。まさにシャバに帰ってきた感じとでも言おうか、強烈なハレを体験することで、ケのありがたみを感じさせられた瞬間だった。また、男しかいない世界がいかに異様でいびつなものか、つくづく実感させられたものだった。

ただし、当時の僕はそんなこともわからず、一種のショック状態に陥った。言葉にできないこの感覚は何なのだろうか。なぜ新宮の人々はこんな祭りを延々続けてきたのだろうか。次々に疑問が湧き上がり、その疑問が次の旅への誘いとなった。

あのときの体験がなければ、僕は今ほど祭りの世界に魅了されることはなかっただろう。そう、あの夜がきっかけだったのだ。

## 参考文献

中上健次『火まつり』（文藝春秋）
人文社観光と旅編集部 編『郷土資料辞典和歌山県・観光と旅 改訂新版』（人文社）
『月刊文化財 ２０１６年３月号』（第一法規）所収、「新宮の速玉祭・御燈祭（新指定の文化財 民俗文化財・重要無形民俗文化財の指定）」
和歌山県民俗芸能保存協会編『和歌山県の祭りと民俗』（東方出版）
『自然と文化 新春号』（日本ナショナルトラスト）所収、白川琢磨「修験道の色彩シンボリズム 神倉御灯祭りを中心に」

写真提供
新宮市観光協会

白装束で準備万端の筆者

13 かんこ踊り王国、三重を訪ねて

# 佐八(そうち)のかんこ踊り

三重県伊勢市

# 松ケ崎かんこ踊り

三重県松阪市

最初に佐八のかんこ踊りに着目したのは妻の慶子のほうだった。彼女は伊勢神宮マニアでもあるので、伊勢のことを調べているうちにその存在に気づいたらしい。フットワーク軽くひとりで伊勢まで出かけると、複数のかんこ踊りを巡り、ばっちり写真まで撮影してきた。

その写真を見て僕は驚いてしまった。何なのだ、この装束は？　頭には白馬の尾の毛で作られたシャグマという被りものを被っていて、上半身は白と紺の縞模様の衣装、下半身には腰蓑。首から太鼓を下げていて、それを叩きながら踊るらしい。何の情報もなくその光景を見たら、ポリネシアや東南アジアあたりの踊りとしか思えないだろう。だが、このかんこ踊りが継承されているのは、伊勢神宮からもほど近い三重県伊勢市佐八町というところなのだ。

写真に写る異形の踊り手たちを見ていたら「日本らしさ」とはいったい何なのか、よくわからなくなってきてしまった。

日本には多種多様な祭りや踊りが継承されている。そのヴァリエーションはあまりにも豊富で、日本人である僕からしても「日本らしさ」という言葉の意味するものがわからなくなることがある。つまり、この列島ではひとつの強固な「日本らしさ」が存在するのではなく、その土地ごとに異なる「らしさ」が積み重なることで曖昧な「日本」がぼんやりと形成されているのだ。それが日本という列島のおもしろさであるとも思う。

『三重県史 別編 民俗』には「三重県はかんこ踊りの宝庫であり、その伝承も多様である」と記されている。国や県が指定しているかんこ踊りだけでも五〇件以上。この数は二〇一二年にこの本が出た際の数であって、伝承が途絶えたものも含めれば二七〇を超えるという。

かんこ踊りの「かんこ」とは何なのか。同書で

シャグマが異様な迫力を放つ佐八のかんこ踊り

はこのように解説されている。

かんこ踊りは風流踊りの一類型で、胸に羯鼓(かっこ)を付けた腰鼓スタイルの踊り子がそれを打ち踊るのが主体となる踊りをいう。羯鼓は雅楽器の一つで、台に載せて両撥で打つ長胴の締太鼓であるが、かんこ踊りのそれはほとんどが曲げ物作りの長胴の締太鼓である。そのため「太鼓踊り」と称するところもある。

また、踊りの呼称も大念仏、精霊踊り、雨乞い踊り、神事踊りなどいろいろで、名称だけではそれがかんこ踊りだと判別できないものもある。(『三重県史 別編 民俗』)

このように羯鼓が訛って「かんこ」と説明されることも多いけれど、その点に関しては諸説あるようだ。また、中西智子は論考「かんこ踊りの研究(1)かんこ踊りの文化的背景」のなかで「雅楽の羯鼓が広まったのは伊勢神宮を始め、各地の神社などを通して民衆に伝わり知れた」のではないかと指摘している。いずれにせよ、装束も含め、謎に満ちたところのある芸能であることは間違いない。

かんこ踊りには大きく分けて三つの流れがあるのだという。伊賀地方に伝わる雨乞い系、県北部と南部の盆行事系、そして三重県内各地に散らばる祇園祭系。今回訪れた伊勢市佐八町と松阪市松崎浦町のかんこ踊りは、祖霊を供養し、彼岸に送る盆行事系に分類される。

佐八町は伊勢市の西部、宮川沿いに広がる小さな町だ。佐八のかんこ踊りはこの町の一角に佇む愛宕神社および秋葉神社の祭礼行事として毎年盆に行われる。神社の祭礼ではあるものの、一五日には盆供養を目的とした念仏踊りが行われるなど、神仏習合の色合いが強いのも特徴だ。

かんこ踊りは念仏踊りの翌日となる一六日に踊られるというので、時間に合わせて佐八町を訪れた。会場となる佐八公民館の近くには見渡すかぎりの田んぼが広がっていて、のどかな農村といった雰囲気だ。多くの観光客で賑わう伊勢神宮の外宮・内宮周辺とは別世界である。

集落を進んでいくと、公民館の広場に多くの人々が集まっているのが目に入った。集まっているのは踊りの担い手や関係者だけではない。地域の住民も多数集まっていて、お盆であることも関係しているのだろう、里帰り中と思われる若者たちも見かける。「おっ、ひさしぶり！」――あちこちでそんな話の華が咲いている。公民館の一角では子供たちがかき氷やジュースを売っていて、夏祭りの華やいだムードが充満している。

祭りの取材に出かけると、観客のほとんどがアマチュアカメラマンで、地元住民はごくわずかというパターンも少なくない。だが、若者たちも多い佐八のかんこ踊りには活気があり、僕の目にはまだまだ地域行事としての活力が維持されているように写った。もちろん内部ではいろんなことがあるのだろうが、子供たちが楽しそうにしている表情を見ているだけで嬉しくなってしまう。

佐八のかんこ踊りは三組（みくみ）と呼ばれる地域組織が運営している。若組（一五歳から二五歳）、兄組（二五歳から三二歳）、中老（三二歳から四二歳）という三つの組に分かれ、踊り子は主に若組と小中学生が主体となる。シャグマをつけるのは一五歳から二五歳までの若組。一〇歳から一四歳までの子供たちは頭に花笠を被る。慶子によると、佐八のかんこ踊りは一子相伝と決まっているそうで、年齢が上がるに従って役割が変わっていくようだ。

現地で配布されていた資料にはタイムテーブルがこのように記されていた。

一九時三〇分〜二〇時一〇分　大踊り
二〇時四〇分〜二一時二〇分　入波
二一時五〇分〜二二時三〇分　泉式部

夜七時三〇分、いよいよ「大踊り」の時間だ。定刻どおり、松明や高張、法螺貝吹きに先導される形でシャグマをつけた踊り子たちと花笠がドドドと出てきた。シャグマを含む踊り子たちの上背は二メートル以上。想像以上に大きい。

彼らは広場の中央で燃えさかるかがり火をぐるりと囲むように円を作り、くるくると回転しながら叩き踊る。かかり火に照ら

鮮やかな花笠を被る子供

し出される巨大なシャグマはやはり凄まじい迫力で、まさに異形の者といった佇まいである。法螺貝と鉦、太鼓のアンサンブルもあいまって、その光景はどこか儀式めいている。

しばしの休憩を挟み、続いて「入波」。鉦が抜け、音頭が入る。音頭の役割について、文献から引用しておこう。

音頭はダシとウケがあり、踊り子の列に入って、それぞれ数人が扇子を腕前に捧げ持ち、左右に足を踏み出し体を開くように進みながら音頭を歌う。ダシは音頭出しであり、ウケがそれを受けるという掛け合いで音頭をとる。

その側に貝が付き、拍子に合わせて貝を吹く。

かがり火を中心にしながら、踊りの輪は続く

（『日本の民俗芸能 調査報告書集成12 近畿地方の民俗芸能1 三重・滋賀』）

音頭の声は古風で、念仏的にも聞こえる。「貝」とは法螺貝のことで、音頭役の男性による「サァー！」という掛け声に合わせ、法螺貝の音色が響きわたる瞬間には鳥肌が立った。「大踊り」同様、アンサンブルが練られていて、音楽的なおもしろさも感じる。個々の役割分担も含め、芸能としてとても成熟している印象だ。

ここでふたりの男性が竹竿の先につけた花火に点火した。煌々と燃えさかるかがり火と、緑色の色彩を放つ花火。カラフルな灯りが広場いっぱいに広がる。

「入波」は二五分ほどで終了。ふたたび休憩時間となる。シャグマを取った踊り子はみな十代の男の子たちで、表情はまだあどけない。異形の佇まいとのギャップがまたおもしろい。

九時四〇分には合図の法螺貝が鳴り響き、その一〇分後、時間どおりにシャグマを被った踊り子たちが登場。最後の演目となる「泉式部」が披露される。

踊り子の動きは一段と激しくなり、足を上げ、手をスキップのようにハネあげる。太鼓を打つ力も一段と強まり、輪の中の熱はさらに高まっていく。かがり火から火の粉が舞い上がり、天空へと立ち上る。ふと佐八のかんこ踊りが神送りの儀式でもあったことが思い出された。

「泉式部」を二五分ほどやったあと、隣の家の庭へと移動。今度は少人数編成で踊る。シャグマを付けた踊り手四人、花笠四人、法螺貝ひとり。中心に小さな麦わらを置き、火を灯す。まさに送り火だ。踊りの終わりを惜しむように最後の時をすごしたあと、声を合わせて「南無阿弥陀仏」と唱える。

先述したように、かんこ踊りは県内各地で継承されているわけだが、少なくとも佐八のものに関しては保存や継承が目的化しておらず、集落の年中行事としていまだ意味を持ってるように思えた。踊りを見る住民たちもかんこ踊りをさほど特別なものだと思っていないのか、見るでもなく聴くでもなく、その場にいることを各自楽しんでいる。形骸化していない祭りというのはこういうことを言うのかもしれない。

普段であれば、ここで帰路につくところではある。夜も遅いし、それなりに疲れも溜まっている。

でも、せっかく盆の夜、かんこ踊り王国の三重にいるのだ。他のかんこ踊りも観てみたい。そこで佐八から一時間ほど車を走らせ、松阪市松崎浦町と松ヶ島町の一部で行われる「松ヶ崎かんこ踊り」をめざすことになった。

松崎浦町は三渡川の河口に位置する漁村だ。その歴史は古く、現在でも定置網漁や海苔の養殖が盛んに行われている。会場となる海禅寺へと向かう道は入り組んでいて、典型的な漁師町といった雰囲気だ。通りを吹き抜ける風も潮の香りを含んでいて、先ほどまでいた佐八とはムードがだいぶ違う。

時刻は夜一二時。ふだんであれば人っ子ひとり歩いていないだろうが、祭りの夜ということで人通りもちらほら。海禅寺の場所がわからず、慶子が夕涼みをしている老婆に尋ねる。

「かんこ踊り、やってます?」

すると、「そっちでやってるよ。あんた、どこからきた。よそだろ?」と荒っぽい返事が返ってきた。そうだ、僕らはいま、漁師町にいるのだ。そんな実感が湧き上がってきて、なぜか嬉しくなってしまった。

松ヶ崎のかんこ踊りはもともと元蛭子(もとひるこ)神社を奉祀する漁民たちの祭りであり、豊漁や五穀豊穣のため踊られていたという。だが、現在では初盆供養の踊りとして継承されていて、八月の一四日から三日間、盆行事として行われている。松ヶ崎神社から始まる最初の二日間は初盆の家を回り、最終日となる一六日には海禅寺で踊りが奉納されたあと、ふたたび松ヶ崎神社へと戻るという行程である。

慶子が前年訪れた際は、初盆供養のため家々を回る一群について回ったそうで、なかなかおもしろい経験だったらしい。この日は一六日の最終日だったため、海禅寺をめざすことになった。

松ヶ崎のかんこ踊りは装束も佐八のものとはだいぶ違う。頭には長い花笠を被り(松ヶ崎ではこの花笠のことをシャグマと呼ぶ)、紺の法被に白襷をかけ、豆絞りの手拭いで顔を覆う。

少しだけ沖縄・石垣島のアンガマを思わせる出で立ちだ。

海禅寺を訪れると、踊り子となる若者たちは花笠を脱ぎ、太鼓(羯鼓)を二人一組で叩いていた。これは前打ちといって、集まった人々に太鼓を叩いてもらう習わしとなっている。合わせて歌われるのは、松ヶ崎のことを歌い込んだ「地歌」。松ヶ崎ではこのほかに道唄(花王河、七つ児、賽の河原など)やフシといった複数の歌が歌われる。太鼓の横では大人たちが団扇を持ってユラユラと踊っていて、佐八に比べるとぐっと盆踊り色が濃い。

一二時半ごろ、六人の若者たちが花笠をつけて踊り出した。全員裸足で、飛び跳ねるようなステップで身体をよじるようにして踊る。佐八が足を引きずるような農村のステップならば、ここは荒波のようにダイナミックな海のステップだ。羯鼓を使っていること以外、共通点がないようにさえ思える。

踊りが一五分を過ぎたあたりから踊り子たちの肌に汗が滲みはじめ、太鼓の音が大きくなっていく。踊り子のなかには小学生としか思えない幼い表情の男子もいて、見るからにハードだ。トータル二五分の踊りが終わるころには、踊り子たちはヘロヘロになっていた。

最終日は海禅寺で霊に別れを告げ、松ヶ崎神社で幕を閉じるという流れになっていて、すべての行程が終了するのは深夜三時。子供たちにしてみれば、普段は寝ているであろう時間帯だ。これだけ激しく踊ったらそりゃ疲れるはず。本当におつかれさまでした。

冒頭に書いたように、三重県では国や県が指定しているだけでも五〇件以上のかんこ踊りが継承されている。全部回ろうと思ったら、一年に数カ所ずつ回ったとしても一〇年以上は軽くかかるだろう。しかもそのヴァリエーションは実に幅広い。佐八と松ヶ崎の二か所を回っただけでもそのことを実感することが

ダイナミックな松ヶ崎のかんこ踊り

できた。

かんこ踊り王国、三重。そのとてつもない奥深さと広大さを噛み締めたのだった。

参考文献

『三重県史 別編 民俗』（三重県）

『三重大学教育部研究紀要』所収、中西智子「かんこ踊りの研究（1）かんこ踊りの文化的背景」（三重大学）

『日本の民俗芸能 調査報告書集成12 近畿地方の民俗芸能1 三重・滋賀』（海路書院）

YouTube松阪市行政チャンネル「松阪歴史探訪・まつり編 松ヶ崎かんこ踊り」

# 石見神楽

いわみ

14 世界が注目する「地域のエンターテインメント」

島根県浜田市
大田市

巨大な大蛇が花火を吹いた瞬間、演舞が行われている拝殿の室温が何度か上昇した気がした。スモークが立ち込めるなか神話の登場人物が大立ち回りを見せ、大人も子供もその一挙手一投足に夢中になっている。民俗芸能というよりも、どこかの野外ステージで行われているヒーローショウみたいな感じだ。終了後に聴こえてきたのは「すごかったね」「おもしろかったね」という賞賛の声。いやー、確かにすごかった。期待以上の満足感である。

島根県西部、石見地方に伝わる石見神楽は、地域のエンターテインメントとして根強い人気を誇っている。神楽団体の数は中心地である浜田市だけで五〇以上。さまざまな神社やイヴェントスペースで観光客向けの定期公演が行われているほか、東京など都市部でもたびたび出張公演が開催されていて、そちらにも多くの観客が訪れる。

花火やスモークといった舞台演出も積極的に導入し、エンターテインメントに特化した石見神楽に対しては、神楽愛好家や研究者のあいだでもさまざまな意見があると聞く。伝統とは何か、伝承とは何か。現代における民俗芸能や祭りのあり方について考える際、避けては通れない問いでもあるだろう。石見神楽はそうした問いに対し、かなり思いきった回答をぶつけている。

少なくとも石見神楽の試みは大きな成功を収めているようで、石見神楽を体験するために島根までやってくる人たちも少なくないという。また、石見神楽は観光産業のみならず、さまざまな形で地元に雇用を生み出し、地域の産業に貢献している。鮮やかな衣裳や面は地元の工房で作られたものだし、面や大蛇の胴体には地元の名産品である石州和紙が使われている。

継承そのものが目的化しているのではなく、仕事になり、なおかつ楽しいから続けられている。石見神楽からはそういった継承のかたちが見えて

須佐之男命と火花を吹く大蛇（写真提供・一般社団法人浜田市観光協会。以下同）

くるのだ。

神楽とは何か、ここであらためて解説しておきたい。三上敏視『神楽と出会う本』には神楽の語源についてこのように語られている。

その語源は「神座（かみくら）」で、それが「かむくら」「かぐら」と変化してきたという説が定着している。

神座は神が降臨するところで、ここに神を招きその前で魂の復活を願うなどの祈禱や歌舞をしたのが神楽の古い姿だったらしい。（三上敏視『神楽と出会う本』）

日本では多種多様な神楽が継承されている。同書によると、神楽は巫女による神がかりの舞を起源とする巫女神楽、鈴や刀といった採り物を持つ採り物神楽、釜で湯を沸かして神々に献じる湯立神楽、獅子舞を取り入れた獅子神楽などに分類される。

では、石見神楽はどこからやってきたのだろうか。同書では同じく石見地方に伝わる大元神楽を石見神楽の原型とする説を紹介している。大元神楽と石見神楽は演目が重なるものの、大元神楽にはなんと現在も神がかりの風習が残っているのだという。『ガイドブック 浜田の石見神楽』には「石見神楽は大元神楽の神事儀式部分が削り落とされたもの」とも記されている。

石見神楽の改訂が進められたのは明治以降のことだ。囃子のリズムは速いテンポの八調子神楽に整えられ、演目の台本や歌詞に手を加えられ、それまで神職が踊っていた舞は氏子が担当することになった。大衆化が進むなかで、現代に続くさまざまなアップデートが進められていくのだ。

明治三〇年代に入ると、それまで鱗柄の襦袢を着て演じられていた大蛇は、提灯の胴からヒントを得て蛇胴が考案されたことで一気に大型化。大正時代には花火や硝煙が使われるようになり、歌舞伎を思わせる豪華な刺繡衣裳が着られるようになる。

昭和四五（一九七〇）年、大阪万博のメインステージで上演された際には、それまで一頭ないしは二頭が一般的だった大蛇の演目に一挙八頭以上の大蛇が登場。大迫力のパフォーマンスが全国的に知られるようになった。
現在では煌びやかな照明やレーザーまで導入。近年はＥＸＩＬＥとの共演も果たしていて、「伝統芸能」「民俗芸能」のフィールドを超えた「石見発のエンターテインメント」となっている。

先述したように、現在では各地の神社や舞台で観光客向けの定期公演が開催されている。観光客が触れる機会が多いというのも石見神楽が人気を集めている理由のひとつでもあるだろう。

僕もかつて雑誌の取材でいくつかの公演を観ることができたので、当時の記憶を辿りながらレポートしてみたい。

一か所目は浜田市の大祭天石門彦（おおまつりあめのいわとひこ）神社、通称「三宮神社」だ。ここでは毎週土曜日、夜八時から「浜田の夜神楽」と題した公演が行われている。日程によって出演する団体は異なり、僕らが訪れたときは浜田市旭町で活動している今市神社社中が出演していた。

本来の演目はトータルで三〇種類ほどあるが、一時間の上演時間では限りがあるため、多くの定期公演ではふたつの演目が披露される。この日演じられたのは、鯛を釣ろうと悪戦苦闘する恵比須様の動きがコミカルな「恵比須」、そして神である鍾馗（しょうき）が鬼である疫神を退治する「鍾馗」のふたつだ。

　恵比須では観客に向けて飴を配る場面があり、子供たちからも楽しそうな声が上がる。一方、鍾馗では鬼気迫る演舞に大人たちも固唾を呑む。鍾馗と疫神の衣裳は石見神楽のなかでももっとも豪華とされるもので、上演後には演者と来場者の交流の時間も用意されている。疫神の衣裳を羽織らせてもらうと、細部まで細かい刺繍が施されてい

定期公演でも大蛇を観ることはできる

て、ずっしりと重い。

驚いたのは囃子方の演奏が実に達者なことだ。大小の太鼓、笛、手拍子と呼ばれる手打ち鉦というシンプルな編成だが、その演奏は洗練されていて力強い。延々朝まで演奏できそうな安定感があり、神楽と共に生きてきた石見の底力を感じさせられた。

二か所目は、温泉津温泉(ゆのつ)（大田市）の夜神楽だ。ここは石見銀山の一角に開かれた温泉街で、会場となる龍御前(たつのごぜん)神社は温泉津港に出入りする北前船の守り神としても信仰された。

ここも日によって上演団体が異なるが、メインとなるのは龍御前神社をホームとする温泉津舞子連中である。一九九七年に設立された比較的新しい団体ではあるものの（結成当初の名称は「温泉津町神楽同好会」）、古い神楽団の呼び名である舞子連中の呼称を用いるなど、神楽の原点を見つめた活動を展開している。

この日僕が観ることができたのは、お馴染みの「恵比須」、そして四頭の大蛇が須佐之男との戦いを繰り広げる「大蛇」である。神社の拝殿のなか、徐々にテンポアップしていく囃子に合わせて巨大な大蛇がぐるぐるととぐろを巻く光景はやはり凄まじい迫力だ。

もうひとつ重要なのは、温泉津温泉は素晴らしい天然温泉の宝庫でもあるということだ。薬師湯および元湯というふたつの湯に浸かったが、湯治場として長い歴史を誇る地だけあって湯質は最高。ほてった身体を夜風で冷ましたあと、龍御前神社で石見神楽を観るのは素晴らしい体験だった。

もちろん、石見神楽はこうした観光客向けの定期公演が本分ではない。あくまでも石見地方各地の神社の祭礼で夜通し奉納されるものがメインであり、その際は定期公演では演じられることのない演目もたっぷり演じられるのだという。観光客に向けた外向きの姿ではなく、地元住民のために演じられる演舞にこそ石見神楽の本質がある。

神楽は石見地方のみならず、中国地方の広い範囲で盛んに行われている。なかでも広島県北部では石見地方に負けず劣らずの熱い神楽文化が育まれているそうで、聞くところによるとおっかけファンがいる神楽団体もあるらしい。

そのように地域のエンターテインメントとして人気を博す団体がいる一方で、神事としての形を残す伝統的な神楽を継承する地域もある。その振り幅の広さ、ヴァリエーションの豊かさもまた中国地方の神楽文化の魅力なのだ。

参考文献
三上敏視『神楽と出会う本』（アルテスパブリッシング）
『ガイドブック 浜田の石見神楽』（浜田商工会議所）
ウェブサイト「石見神楽」（一般社団法人浜田市観光協会）

写真提供
一般社団法人浜田市観光協会

15

# ヨッカブイ

## 異形の男たちと泣き叫ぶ子供たち

鹿児島県
南さつま市

毎月のように鹿児島に通っていた時期があった。多いときにはひと月に四回通ったこともあるぐらいで、それだけのペースで行くのであれば、いっそのこと鹿児島市内に部屋でも借りたほうがいいような気がしたものだが、東京でやらなくてはいけない仕事もあり、なかなかそうもいかない。

鹿児島は友人が何人も住んでいたりと、縁のある土地でもある。だが、それ以上に僕を惹きつける理由があった。鹿児島は魅力的な祭りの宝庫なのだ。

薩摩半島にはカラフルな太鼓踊りがたくさん継承されているし、指宿市など薩摩半島南部には琉球人がもたらしたとされる琉球人踊りも続けられている。鹿児島には全域で田の神様の信仰があって、地域によっては田の神講の祭りもやっている。

また、離島には個性豊かな来訪神の文化が根づいている。悪石島のボゼ、甑島(こしきしま)のトシドン、硫黄島のメンドン、竹島のタカメン、種子島のトシトイドン。強烈なヴィジュアルの神さまたちは時に怠け者を戒めたりしながら、集落に福をもたらしてくれる。南九州市には十五夜ソラヨイというこれまた強烈な祭りがあるほか、鹿児島の広い範囲で綱引きや相撲も行われている。

そんな鹿児島の祭りのなかでも、いつか体験したい憧れの祭りがあった。それがヨッカブイだ。

ヨッカブイの主人公は恐ろしいガラッパ（河童）たちだ。彼らは綿を抜いた夜具を着流し、シュロの皮で作られた仮面をかぶる。天然素材の仮面は得も言われぬ恐ろしさがあり、その異様な風体で手に持った笹を振りながら追いかけてくるというのだ。やっていることはナマハゲにも近いけれど、シュロの皮で作られているせいか、南国らしいエキゾチックなものも感じる。

ヨッカブイという奇妙な祭りの名は「夜具かぶり」からきているという。「やぐかぶり」が訛っ

仮面と夜具で完全装備したガラッパたち

て「ヨッカブイ」。カタカナになることによって、秘祭感が増しているように感じるのは僕だけだろうか。また、いくつかの文献によると、ヨッカブイはもともと明治一二（一八七九）年に集落内の玉手神社に合祀された水神社の神事だったと伝えられている。

ヨッカブイに関する資料はそれほど多くはないものの、試しにひとつひとつの背景を調べてみると、どうもそそられる要素ばかりなのだ。そんなわけで、二〇一五年八月二二日、僕らは鹿児島県南さつま市金峰町高橋をめざすことになったのだった。

いつものように鹿児島空港の近くでレンタカーを借り、南さつま市をめざす。九州自動車道を経由して一時間少々、南さつま市金峰町の高橋集落に到着した。時刻は朝九時すぎ。地図を見ると、高橋は万之瀬川の支流にあたる堀川という小さな川沿いに広がる集落で、周囲は水田に囲まれている。おそらく堀川も用水路として引かれたものだろう。

集落の中心となるのは、公民館と玉手神社。ヨッカブイは公民館から神社までのルートを辿ることになる。

車を止めてスマホで現在地を調べていると、数人の中学生が歩いてきた。公民館の場所を訪ねてみよう。

「すいません、公民館はどこでしょうか」

「公民館？　ここの人間じゃないからわかりません」

どうやら隣の集落の学生だったらしい。その口調は決して冷たいものではなかったけれど、よその集落のことなど知るわけがないじゃないですか、なんでそんなことを聞くんですか、そんなニュアンスが込められている感じがした。

東京だったら集落ごとの違いをそれほど強く意識することはないし、そもそも「集落」という概念自体がほとんどない。だが、ここでは集落と集落のあいだには広大な水田が広がっていて、コミュニティーは集落ごとに分断されている。それだけコミュニティー内の結束が固いということでもあるだろう。そういう場所にかぎって貴重な祭りや民俗行事が継承されているものだ。

高橋の公民館では、すでにヨッカブイの準備が進められていた。夜具を着た男たちがスタンバイしていて、彼らはシュロの面を被ることでガラッパと化す。

大きな鐘がカンカンとけたたましく打ち鳴らされると、いよいよヨッカブイの始まりだ。仮面をすっぽりと被った男たちは「ヒョーヒョー」と奇妙な声を上げて走り始める。さっきまで公民館で騒いでいた子供たちが、あまりの異様さに言葉を失っている。

ガラッパの列は公民館からの道中、よりによって保育園に突入していく。校庭に集められていた園児たちは泣き叫び、保母たちの足にしがみつく。まるでパニック映画のような光景だが、なかには果敢にもガラッパの足にローキックを入れ続けて

ガラッパはただ歩いているだけでもどこか不気味だ

いる男の子もいる。きっと彼は優れた格闘家になることだろう。

ガラッパたちは園児を抱き抱えると、カマスと呼ばれる袋に入れてしまう。園児からしてみるとトラウマ級の恐ろしさだが、こうすることでカワドリ（水難）に合わないとされている。ヨッカブイは水難避けの祈願祭でもあるのだ。

高橋集落は海岸線からわずか数百メートルほどしか離れていない。万之瀬川の河口にも近いため、かつてはたびたび大水に苦しめられたという。きっと海や川で遊んでいて命を落とした子供たちもいたはずだ。高橋集落の人々のなかには水に対する潜在的な恐れと悲しい記憶が残っているのではないだろうか。そして、それらがヨッカブイという儀式の土台になっている。

園児を抱えるガラッパの手はどこか優しい

保育園でひと暴れしたガラッパたちは、最終目的地である玉手神社に入っていく。境内には土俵があり、子ガラッパと呼ばれる子供たちとガラッパがここでカンモンと呼ばれる儀礼相撲を取る。ガラッパたちのヒョーヒョーという奇声、子供たちの泣き叫ぶ声、カンカンと打ち鳴らされる鉦の音。実に恐ろしい光景であるものの、大人たちの目から見るとなんとも長閑なものである。

そのあと、スピーカーから流れる相撲甚句に合わせてガラッパたちが土俵の周りを踊る。シュロの皮をかぶった異形の者たちが踊る光景はなかなかおもしろいものだ。また、ヨッカブイはかつて相撲甚句一八番を踊ることから昔は「高橋十八度踊り」と呼ばれていたそうで、そのころは相撲甚句も生歌で歌われていたと聞く。当時はガラッパたちが沿道の人々にヘグロ（「鍋墨」の鹿児島弁）を塗りつけていたそうで、それものちに簡略化されたようだ。なお、同様の風習は師走祭り（宮崎県美郷町）やメンドン（鹿児島県指宿市山川利永）など九州ではよく見られるものだ。

ちなみに、玉手神社の境内には弥生時代前期の貝塚があり、南洋のものとされるゴホウラ貝の貝輪も出土しているのだという。これは高橋集落と南洋の島々や九州北部の交流が盛んだったことを示すもので、木下尚子は論文「弥生貝交易の中継地 鹿児島県高橋貝塚のゴホウラ分析から」のなかで、高橋集落が「弥生時代に沖縄諸島と北部九州を結んで継続した大型巻貝の交易（貝交易）の中継地」だったのでは、と指摘している。

高橋集落がそんな壮大な歴史の残る地だとは、現地を訪れるまで知らなかった。ヨッカブイにはどこか南方系の祭祀のニュアンスがあるけれど、ひょっとしたらどこかの島から持ち込まれたものなのでは？　そんな妄想も広がる。

金峰町の背後には町を見守るように金峰山がそびえ立っている。ここはもともと修験道の霊山であり、山頂近くには金峰神社が祀られている。僕らも車と徒歩で金峰神社まで登ってみたが、素朴な境内にはたくさんの人々が守ってきた場所ならではの暖かな気配があった。

金峰町はいくつもの歴史が刻まれた場所であった。そんな土地にヨッカブイという風変わりな風習が伝わっていることにも何らかの必然を感じてしまう。

なお、高橋集落ではしばらくの間、子供たちが言うことを聞かないと「ガラッパがくるぞ！」と脅すのだという。もちろん、効果はてきめんらしい。同じような話をナマハゲでも聞いたことがあるけれど、異形の者にあれだけ脅かされれば、大抵の子供たちは大人しくなるはずだ。

カマスに入れることで子供たちを水難事故から守る

ナマハゲの章でも書いたように、安全が保証された環境で「この世とは別のなにか」が存在することを子供たちの無意識に植えつけることは、決して無駄なことではないと思う。

参考文献

南日本新聞社編『鹿児島民俗ごよみ』（南方新社）
星原昌一『かごしま四季の旅 祭り、歴史、自然をたずねて』（南日本新聞開発センター）
『国立歴史民俗博物館研究報告 第２３７集』（国立歴史民俗博物館）所収、木下尚子「弥生貝交易の中継地
鹿児島県高橋貝塚のゴホウラ分析から」

# 伊作太鼓踊

16

夏の南九州に華開く太鼓踊りの楽園

鹿児島県日置市

前の章で少し触れたように、鹿児島・薩摩半島の太鼓踊りはド派手だ。しかも、集落によってスタイルが異なるところがおもしろさでもある。

たとえば、日置市の例。日吉町の吉利太鼓踊は人が背負うと約四メートルになるカラフルな矢旗が特徴で、パッと見はアンデスかどこかの踊りみたいに見える。一方、伊集院町の伊集院町徳重大バラ太鼓踊りはウバラデコと呼ばれる大太鼓をドカドカと叩く。太鼓の大きさは直径約一五〇センチメートル、重さ三〇キロに達する。同じく伊集院町の大田太鼓踊や伊作田の伊作田踊りも鮮やかな装束が見ものだ。

このようにさまざまな太鼓踊りが継承されているのは日置市だけではなく、薩摩半島全域に及ぶ。民俗学者の下野敏見は著書のなかで「日本の太鼓踊りを見たければ、南九州にいらっしゃい」と書いているけれど、薩摩半島をはじめとする南九州各地ではそれぐらい多種多様でド派手な太鼓踊りが継承されているのだ。下野によると、南九州（ここでは種子島や屋久島、三島など島嶼部も含まれる）は日本における太鼓踊りの南限でもあるそうで、そうした最果ての地にこれだけ濃い太鼓踊りの文化が残っていることもまた興味深い。

個性的な太鼓踊りが薩摩半島に集中しているのはなぜなのだろうか。僕には薩摩半島の人々の気質というか、他の集落への対抗心が関係しているような気がしてならない。あそこが大きな太鼓でやるなら、うちらは巨大な矢旗を立てよう。こちらは装束を派手にしよう。いやいや、派手なのは時代遅れだ、俺らは逆にシックにしよう――。そういった意識があるようにも思える。

そして、そうした対抗心は地域のプライドやアイデンティティーとも結びついているのではないだろうか。

そんな薩摩半島の太鼓踊りのなかでも、派手さという点ではズバ抜けているのが日置市吹上町の「伊作太鼓踊」だ。煌びやかな装束はほとんどブラジルのカーニヴァルのようだし、踊り手たちはそんな装束を着てキレのいい高速リズムをバシバシと叩き出すのである。ＹｏｕＴｕｂｅには伊作太鼓踊の動画が多数アップされているので、興味があればぜひご覧いただきたい。演舞の見事さと格好良さに圧倒されることだろう。

そんな憧れの伊作太鼓踊を体験するべく日置市吹上町を訪れたのは、二〇一五年八月二八日のことだった。

伊作太鼓踊は毎年八月二八日と二九日の二日間行われる。初日の二八日に吹上町湯之浦の南方神社で踊りが奉納されたあと、二日間かけて吹上地域内三〇か所以上で演舞が披露される。

踊り手は「平打ち（二〇人ほど）」「中打ち（鉦二人、小太鼓二人）」「唄い手（三人）」で構成され、入来、湯之浦、和田など複数の集落が毎年交代で担当する。また、人数は保存会や年によって多少異なるようだ。

このうち花形となるのが、白い装束に身を包んだ平打ちだ。彼らは竹を編んだ約二メートルの矢旗を高く掲げ、薩摩鶏の羽を背負い、太鼓を胸に抱く。総重量は約二〇キロ。その重さで太鼓を叩きながら跳ねるというのだから、ちょっと超人的だ。

中打ちを務めるのは小中学生たち。色鮮やかな花笠が目印で、二名が稚児姿、二名が女装姿となる。

唄い手はメガフォンを片手に歌う。揃いの白い法被を着ていて、法被の背中には島津藩の家紋が入っている。

伊作太鼓踊の特徴のひとつが、平打ちが背負う巨大な軍配型の矢旗だ。軍配とはかつて武将が戦の指揮に用いたもので、相撲の行司が手にするあれのことである。下野敏見『南日本の民俗文化誌6 南日本の民俗芸能誌全県編』によると、この矢旗は農民由来の太鼓踊りに使われることは多いものの、士族の士（さむらい）踊りに使われることはないのだという。

では、なぜ士族のもので使われていない軍配が、農民由来の踊りに使われているのだろうか。下野もまた「矢旗は昔、戦場で使ったものであれば、士踊りにこそ付けなければならないのに、なぜか。不思議なことです」と疑問を呈したうえで、姶良市加治木町・春日神社に伝わる太鼓踊りの例を挙げている。

伊作太鼓踊の象徴は巨大な軍配型の矢旗

この太鼓踊りは地元では「島津義弘の霊を慰めるもの」とされていて、その由来を聞いただけでは士族由来の踊りと捉えるのが自然だろう。だが、下野はこの踊りが農民由来のものであることに着目する。

そのうえで「偉大な義弘の霊をしっかり供養し、慰めないと、義弘の霊が稲の害虫になって報復されるという御霊信仰を背景」にしていると指摘している。

これはとてもおもしろい見方だ。伊作太鼓踊も応永一三（一四〇六）年、島津家庶流伊作氏四代当主・久義が田布施郷の二階堂氏を降伏させたときの戦略を元に考案された踊りとする説が伝えられている。戦勝の踊りというのは踊りの由来でよくあるパターンではあるけれど、「戦に勝ったからみんなで踊ろう」というのは現代の感覚からするとちょっとイメージしにくい話ではある。

ただし、「供養しないとお偉いさんたちが害虫になって稲を食いつくすので、ちゃんと弔いましょうね」という理由ならばわからないでもないし、農民由来の伊作太鼓踊に軍配のモチーフが使われている理由も見えてくる。そして何よりも、そうした飛躍したイメージのほうがおもしろいではないか。

由来としては戦勝の踊りと伝えられつつも、伊作太鼓踊には農耕儀礼や田楽、御霊信仰、念仏踊り、虫送りの儀式、薩摩鶏に象徴される土着信仰など多種多様な信仰と風習が流れ込んでいる。そういった多様な要素がひとつの宇宙を形成しているところに魅力があるのだ。

僕らが吹上町湯之浦の南方神社に到着したのは八月二八日当日の朝八時すぎのことだった。境内へと続く参道を覆い隠すように木々が伸びていて、参道の先に鳥居が待ち受けている。伊作太鼓踊の踊り手たちはここを通って境内へと入場するらしいが、どことなくステージへと続く花道のようにも見える。

九時すぎからは女性の神官による神事が行われる。その横で保存会や地元の方々が会話をしている。訛りが強くて、何を話しているのかまったく聞き取れないことに驚く。

神事のあと、いよいよ踊り手たちの入場となる。彼らは事前に近くの吹上浜で身を清めており（「塩浜入り」と呼ばれる）、一同緊張の面持ちである。隊列の先頭のことは「ハナ」と呼ばれ、特別な踊り手だけがそのポジションを与えられるのだという。アイドルグループのセンターみたいなものだろうか。

太鼓と鉦のリズムに合わせてやってきた踊り手たちは、鳥居をくぐると境内で円形のフォーメーションを形成する。そのフォーメーションとは二〇数人の平打ちがぐるりと円を作り、中央に中打ちと唄い手がスタンバイするというもの。苔むした南方神社の境内に平打ちの矢旗や花笠の色彩がぱっと広がり、目が覚めるような華やかさだ。矢旗に太陽と月のアイコンが記されていることもあって、境内にひとつの宇宙が形成された感じがする。

踊りには複数の種類があり、いずれの演目も

南方神社の境内に美しいフォーメーションが形成される

強烈なグルーヴに貫かれている。鉦と太鼓が生み出す囃子はかなり速いけれど、そのリズムがぶれることは一切ない。しかも踊り手たちは激しく飛び跳ねながら太鼓を叩いている。恐るべき技術だ。

また、その踊りがダイナミックで驚かされる。装束だけでなく、リズムや踊りもまたブラジルのカーニヴァルのようだ。

境内を去る直前、太鼓のリズムと踊り手たちのステップは最高潮となる。足は高く上がり、バチはうなりを上げる。大きな太鼓のグルーヴの隙間を縫うように、鉦が細かいフレーズを挟み込んでいく。こんなリズムはあまり聴いたことがない。

トータル四五分。踊りが終わると、男たちの肩は激しく揺れていた。それぐらいハードな演舞だったのだ。

南方神社の奉納踊りが伊作太鼓踊のクライマックスのひとつであることは間違いない。だが、踊り手たちはこのあと二日間かけて三〇か所以上の場所で演舞を行う。彼らにしてみると、南方神社はスタート地点にすぎないのだ。

かつて演舞の場所から場所へは徒歩で移動していたというが、現在は専用のトラックで移動する。また、以前は矢旗ももっと大きかったというが、電線に引っかかるため短くなったらしい。今以上に大きな矢旗を背負い、徒歩で移動していたなんて。今でも十分ハードだろうに、ちょっと想像ができない。

僕らも多宝寺跡、そば茶屋吹上庵駐車場など数か所の演舞を拝見する。一か所二〇分程度と南方神社の奉納踊りに比べれば時間は短いものの、これを何十回も繰り返すわけで、やはり超人としか思えない。

驚くべきことは、こうした太鼓踊りの風習が、

男たちは足を大きく上げ、ダイナミックなステップで踊る

南九州の広い範囲で継承されているということだ。その豊かな文化に日本人がまだ気づいていないのは実にもったいないことだと思う。下野敏見が記した「日本の太鼓踊りを見たければ、南九州にいらっしゃい」という言葉を最後にもう一度繰り返しておこう。

参考文献
下野敏見『南日本の民俗文化誌6 南日本の民俗芸能誌全県編』(南方新社)
南日本新聞社編『鹿児島民俗ごよみ』(南方新社)
星原昌一『かごしま四季の旅 祭り、歴史、自然をたずねて』(南日本新聞開発センター)
YouTube『楽しくなるまで高く舞え!~日置市吹上 伊作太鼓踊り~』(ダイドーグループ日本の祭りライブラリー)

17

# ケベス祭

謎めいた火の祭りが世界を更新する

大分県国東市

あ、ひょっとしたらこれはまずいかも。

命の危険を感じるそうした体験は過去に何度もあった。幼少時代、海水浴中に足のつかないところまで泳いでしまったとき。高速道路を運転中、うっかり強風にハンドルを取られたとき。南米ペルーの夜道を歩いていて、後ろから男たちに付けられていることに気づいたとき。

だが、まさか祭りでそんな体験をするとは思わなかった。しかも僕は祭りの担い手側ではなく、あくまでもその外側から鑑賞していただけなのだ。それまでも祭りのなかで危ないシーンは何度かあったけれど、ケベス祭の際は結構本気で「これはもう帰れないかも」と覚悟したものだった。

大分の秘境、国東（くにさき）半島。ケベス祭は毎年一〇月の夜、この半島の一角に鎮座する櫛来社（くしくしゃ）（岩倉八幡社）で行われる。

秘境というのは単なる例えではない。瀬戸内海にぽっかりと突き出した国東半島には電車や高速道路も通っておらず、まぎれもない辺境の地だ。円状の半島の中心部には深い山の世界が広がっていて、集落の多くは海岸線沿いに点在している。円状の外側に人が住み、内側には深い山の世界が広がっているという二重構造は、取材で幾度となく訪れた屋久島にも似ている。

そうした特異な自然環境は、その地に住む人々の信仰心や風習に何らかの影響を与えることがある。屋久島の人々が潜在意識のなかに山の世界に対する畏怖の念を抱えているように、国東半島の地にもまた、六郷満山（ろくごうまんざん）と呼ばれる神仏習合の信仰が息づいている。

国東半島の特異な地形のなかで育まれてきたその信仰について渡辺克己は『国東六郷満山霊場めぐり』でこのように解説している。

国東半島ならではの信仰世界がケベス祭を育んだ

「六郷」とは字のごとく六つの郷のことです。むかし国東半島を六つに分けて、安岐、武蔵、国前、伊美、田染、来縄の六郷としていました。「満山」は山岳仏教寺院が主として使うことばで、山のすべて、念仏を仏の浄域を考えたものですが、その浄域に満ちみちた寺院の集合を満山と称したのです。（渡辺克己『国東六郷満山霊場めぐり』）

国東六郷満山霊場は三三か所の寺院で形成されている。その思想は宇佐神宮（宇佐市）を中心とする八幡信仰の影響を受けているとされるほか、古来からの山岳信仰や修験道との関連も指摘される。櫛来社の例大祭の宵宮祭として行われるケベス祭もまた、そうした六郷満山の世界とまったくの無縁とは言えないだろう。

なお、国東半島の寺院の多くには鬼の面が祀られていて、櫛来社にも数種の鬼の面が伝わっているらしい。かつて国東半島では数多くの寺院で鬼会が行われていたそうで、現在も岩戸寺（国東市国東町岩戸寺）の修正鬼会など一部のものが継承されている。国東半島は鬼の半島でもあるのだ。そうやって考えてみると、ひょっとしたらどこか謎めいた存在であるケベスも鬼の一種なのかもしれない。

「ケベス」という謎めいた祭りの名については「蹴火子」、すなわち「火を蹴散らす者」からきているのではないかという説が語られるほか、漂着神をルーツとする説も説かれている。

永藤靖は論考「国東半島のケベス祭についての覚書 ムラを更新するもの」のなかで、「ケベスとはどこかから流れ着いた神である」という地元の言い伝えを例に挙げながら、「証拠はないがケベスの原義は、蹴火子（ケベス）の変化したものではなく、海から流れ着いた漂着神である蛭子、いわゆるエビス神、エベス神ではないか」と自論を述べている。

国東半島は辺境の地とされる一方で、古くから渡来系の人々が移り住み、瀬戸内海交通の拠点でもあったことから、文化の交差点という側面を持っていた。文化が流れ着く地には、神様や面が流れ着くこともあるだろう。能登半島や三浦半島など漂着物が辿り着きやすい場所には漂着神あるいは寄り神の信仰が伝わっていることがあるが、ケベスもそういった「どこかからやってきた神様」とも考えられているわけだ。

二〇一六年一〇月一四日、天気は快晴。福岡・筑豊の友人宅から車を走らせ、まずは宇佐神宮をめざした。

宇佐神宮は日本三大八幡宮のひとつに数えられ、全国に四万社以上ある八幡宮の総本社にあたる。六郷満山世界の中心であり、国東半島の入り口にあたる場所だ。まずは国東に足を踏み入れる前にご挨拶に伺おう。

本殿へと続く石畳の道を歩いていくと、鮮やかな色彩に彩られた本殿が目に入った。抜けるような青空と赤い社殿のコントラストがまぶしい。宇佐神宮の背後には御許山（おもとさん）が広がっていて、山頂には宇佐神宮の奥宮である大元神社が鎮座している。奥宮まで行ってみたかったけれど、今回の本題はケベス祭だ。今回は遥拝で我慢した。

目的地である国東市国見町櫛来の櫛来社に着いたのは昼二時半すぎのことだった。櫛来集落は想像以上に小さな集落で、山間の農村といった雰囲気だ。周囲には田畑が広がっているわけだが、考えてみると、本書のなかで同じような表現を何度も繰り返していることに気づいた。秘祭めいた儀式はたいてい都市部や郊外ではなく、昔ながらの農村や辺境の地に残されているものなのだ。

櫛来社は宇佐神宮の分霊を勧請したと伝えられており、創建は寛平元（八八九）年。千年をはるかに超える歴史があるわけだが、決して威圧感のある神社ではない。コミュニティーの中心として大切に守られてきた場所ならではの柔らかい空気が流れていて、なんだかホッとしてしまう。

祭りの開始まではまだまだ時間があるので、二時間ほど車のなかで仮眠。すっきりしたあと境内へ戻ると、関係者が慌ただしく神饌の準備をしていた。ブースでは婦人会の方々が販売用の寿司などを用意していて、カメラを抱えたテレビ局のスタッフ数人がセッティングを始めている。

ここでケベス祭の概要をざっと解説しておこう。

主人公となるのは、白装束に不気味な木彫りの仮面をつけたケベスである。祭りの運営を担う当番組の人々のことはトウバ（当場）と呼ばれていて、ケベス役はトウバのなかから釣りくじによって選ばれる。櫛来社の氏子たちは八つの当場組に分かれていて、一年交代でトウバを務めることになっているという。

祭りの当日までは細かい段取りが決められている。国東市伝統文化活性実行委員会が作成したパンフレットによると、開催五日前となる一〇月九日にはトウバの代表である当場元の家の軒下に神穂屋（かむほや）と呼ばれる小屋が作られ、神棚が設置される。ここには神幸にあたって道案内をする神とされる神導様（じんどうさま）が祀られる。

神導様に仕える者であるオカヨは祭り当日まで毎朝海水に浸かって身を清め、神導様に供物をする。興味深いのは、神穂屋ではトウジという役割の者が甘酒を仕込むことになっているということだ。トウジは当然「杜氏」を意味している。彼らは甕（かめ）の中に入った甘酒の発酵を促すため、毎朝かき混ぜることが任務となっている。

激しく揉み合うトウバ（左）とケベス（右）

祭りの前日となる一〇月一三日、トウバは白装束を着て鏡餅や御縄餅をつく。その間、彼らはカミシバ（榊の葉）をくわえ、一言も声を発してはいけないのだという。餅にケガレがつかないようにするためだ。このあと、釣りくじでひとりのケベスが選ばれる。こうした細かいプロセスを経て、人々は少しずつケベス祭の世界に没入していくのだ。

永藤靖はこの準備期間中のとある禁忌について解説している。

祭の準備が始まるとムラじゅうでは、一つだけ厳しい禁忌が課せられる。知り合いや隣り近所の者が家にやって来ても煮炊きしたものはもちろん、一杯のお茶さえも振る舞わないし、相手もそれを避けるのである。煙草の火さえ借りることは禁忌である。土地のことばでいえば、「互いの家の火をまぜない」ことが最も重要なしきたりとして厳格に守られている。（永藤靖「国東半島のケベス祭についての覚書 ムラを更新するもの」）

ケベス祭とは、決して混ぜてはいけない火を解き放つ場でもあるのだ。じゃあ、何のために？　僕はその意味をのちほど知ることになる。

祭り当日のレポートに戻ろう。

夕方六時ごろ、境内にスタンバイしていたトウバが動き出した。一群が向かった先は徒歩五分ほどの浜だ。海の向こうには姫島の島影が見える。その先で揺れる明かりは、山口県の周南か防府あたりのものだろうか。

トウバたちは全裸になって海へ入っていく。これは穢れを祓う水垢離のためで、ケベス祭では「潮かき」と呼ばれる。本来非公開であり、撮影もしてはいけないはずだが、見物人のなかにはフラッシュを焚きながら無遠慮に撮影する者もいる。バチがあたらないといいけれど……僕はとてもカメラを向ける気持ちにはならない。

穢れを祓ったトウバたちは櫛来社の拝殿へと戻り、いよいよ「ケベスになる」儀式が行われる。神官はケベス役の男性に面をつけると、背中に「勝」の字をなぞり、背中をひと叩きする。そのことによってケベスが乗り移るのだ。

こうした儀式ももちろん一般には非公開。僕らは拝殿の外で待たされることになる。境内の一角にはシダの山が作られていて、点火される時を待っている。

御燈祭り同様、この待たされる時間がやたらと長く感じるのだ。どれぐらい待たされただろうか。本殿から介添えに手を引かれたケベスが出てくると、観客からどよめきが起こった。一斉に焚かれるフラッシュ。介添えはケベスの手を摑んでいて、手を離すと何をするかわからないという恐ろしさがある。

その横でトウバがシダの山に火を点ける。一瞬にして境内のなかがザワついたムードで満たされた。時間は夜七時半。いよいよケベス祭の始まりだ。

太鼓と笛、鉦で構成される練楽（ねんがく）を先頭に、区長、社総代、御供所役、ケベス、介添え、神主

ついに登場したケベス。ただならぬ気配が漂う

の順で境内をぐるぐると回る。練楽のリズムは重々しく、呪術的にも聴こえる。ケベスは肩に差又（さすまた）状の棒を担ぎながら、一群のあとをついてゆく。そのステップはなんとも奇怪なもので、この世のものとは思えない感じがある。

ある瞬間、ケベスは行列から離れ、燃えさかるシダのなかへ突入しようとする。炎の中へとまっすぐ突っ込むケベスの勢いは少々気違いじみたほどで、それをトウバが阻止しようとする。その際、棒術のような押し合いが行われ、その結果、ケベスは行列へと押し戻される。炎を守ろうとするトウバと、炎の中に突入しようとするケベスの戦いは、「互いの家の火を混ぜてはならない」という祭りの禁忌を表現したもののようにも見える。

このプロセスが何度も繰り返されるたび、ケベスの動きは少しずつ勢いを増してゆく。トウバごと炎の中に突っ込んでしまいそうな勢いだが、トウバは何とかケベスを押し戻す。そうしたなかで少しずつケベスが神がかり状態となっているようにも見える。境内のなかにじわりじわりと禍々（まがまが）しいムードが広がっていく。

そして、九回目の押し合いでケベスはついに炎の中へと突入してしまうのだ。差又で炎を掻き回すと、それを合図にトウバも突入。燃えさかるシダの塊を差又で摑むと、なんと観客のほうへと猛ダッシュしてくるではないか！

このときの恐ろしさは、今思い返してもぞっとしてしまう。兵庫県加西市の鬼会は鬼が回るルートが決まっていたため、鬼の動きは想像しやすい。だが、トウバたちは四方八方に散りぢりになって客を追い回すのである。それまで行儀良く列を守っていた観客も声をあげながら逃げ惑う。

背後から火の塊を投げつけられ、肩に着火している老人がいる。周囲の人々が「おじいちゃん、肩！」と慌てて火の塊を払い除ける。トウバのなかには小学生もいて、級友たちに火の塊を投げつけると「ざまあみろ！」と絶叫している。その表情には狂気の光が宿っていて、目が爛々としている。神がかりになるのはケベスだけではないのだ。

燃えさかるシダの塊を持って暴れまくるトウバたち

火の粉を浴びると無病息災が約束されるとあって、観客にしてみるとトウバに襲われるのはありがたいわけだが、こちらにそんな余裕はない。少し落ち着いたころに自分のTシャツを見たら、火の粉が落ちてポツポツと穴が開いていた。数年前、先にケベス祭を体験していた友人が「火が点きやすいフリース素材の服は絶対に着ていかないように」と忠告していた理由がよくわかった。

トウバが観客を追い回しているあいだ、ケベスは境内の三か所で差叉の先につけたワラヅト（わらづつみ）を地面に叩きつけている。その数は三回と決まっていて、叩きつける音が大きいほど五穀豊穣が約束されるのだという。

火が治まったあと、人々は灰を持ち帰る習わしとなっている。その灰を自宅で撒けば「家族が息災となり、田畑に入れると豊作になるという」（末綱杵一「調査報告 ケベス祭について」）謂れもある。

解き放たれた炎が何を意味しているのか、研究者のあいだでもさまざまな意見があるようだ。堂野前彰子が自身の論考で示した説がとても興味深いので引用しておこう。

ケベス面がこの近くの海岸に打ち寄せられた流木から作られたのだという、まことしやかな言い伝えがあるように、ケベスは漂流神であるのだろう。その海から来訪した共同体には属さない神が、境内に灯された庭火を解放する。

そしてその庭火とは、いうなれば共同体の中心に据えられた共同体の火であり、祭りまでの六日間決して他家とは混ぜないで守ってきた竈の火の象徴でもある。その庭火をトウバたちは守っているのだが、ケベスの火への接触を許した途端、一転してケベスにかわって境内中に火を撒き散らし始める。トウバはケベスに同化してしまい、火は共同体の火、文化的な火から荒々しい破壊力を秘めた火、野蛮な自然の火へと変化を遂げる。

共同体の中心をなす文化的な火と全てを無に帰するような自然の火との対比のなかで、世界は更新されていくのである。（堂野前彰子「火の神話 大分県岩倉社のケベス祭から」）

ケベス祭の炎がこの世界を燃やしつくしてくれたらいいのに。そう思うことがある。人の魂を土足で踏みにじるような残虐行為が世界中で行われている現在、一度世界が燃やしつくされ、世界が更新されれば何と素晴らしいことだろう。実際そんなことは起こり得ないわけだが、ケベス祭の場では確かに世界は更新されるのである。

参考文献

渡辺克己『国東六郷満山霊場めぐり』（国東六郷満山霊場会）
『国東の文化財 国選択無形民俗文化財 ケベス祭』（国東市伝統文化活性実行委員会）
『古代学研究所紀要 第9号』（明治大学古代学研究所）所収、
永藤靖「国東半島のケベス祭についての覚書 ムラを更新するもの」
『文化継承学論集 第5号』（明治大学大学院文学研究科）所収、堂野前彰子「火の神話 大分県岩倉社のケベス祭から」
『大分県地方史』（大分県地方史研究会）所収、末綱杵一「調査報告 ケベス祭について」

18

集落の悪霊を祓う南島の来訪神

# パーントゥ

沖縄県宮古島市

沖縄島には二〇代のころから数えきれないぐらい訪れているし、石垣島や西表島など八重山諸島の島々をぐるりと回ったこともある。だが、宮古島に行くのはこのときが初めてだった。

東京から宮古島まで行こうと思うと、那覇で乗り換えなくてはならない。これはこれでいい機会だと、乗り換えのわずかな時間を利用として那覇在住の友人に会うことになった。

わざわざ空港までやってきてくれた友人に宮古島へ行くことを伝えると、「宮古ですか、それはいいですね。でも、オトーリだけには気をつけてくださいよ、わっはっは」とひと笑いされた。

「オトーリ？　何それ」

「行けばわかりますよ、わっはっは」

友人の目がいたずらっぽく笑っている。彼がこういう目をしているときはろくなことがない。少しだけ嫌な予感がしたけれど、そんなことはどうでもいい。僕らはこれから憧れのパーントゥを体験しにいくのだ。

宮古島行きの航空券を押さえたのは先週のことだった。

パーントゥの開催日は毎年違う。そのうえ開催日は事前に公表されない。僕は宮古島在住の友人経由でいくらか早めに開催日を知ることができたので、かろうじて航空券を手に入れることができたけれど、たまたまその期間島に滞在している幸運な観光客ならばともかく、通常であればそう簡単にパーントゥを観ることはできないはずだ。

聞くところによると、パーントゥの開催日が非公開となったのは、近年のトラブルによるところが大きいのだという。パーントゥは全身に泥を塗りつけた来訪神が集落内を駆け回り、人々に泥を塗って厄を祓うという行事だが、なんと泥を塗られて激怒した観光客がパーントゥを暴行する事件が起きたというのだ。ここ数年、暴行をしないまでも、観光客のあいだからクレームが出るケースが増えているそうで、関係者は苦慮しているらしい。

わざわざ泥を塗る祭りを訪れておいて、泥を塗られたから怒るなんて、意味のわからない話だ。だが、ここには祭りとは何か、集落の内部と外部の関係はどうあるべきか、根本的なことが含まれているようにも思える。

パーントゥは正式名称をパーントゥ・プナハ（あるいはプナカ）という。島尻ではサトゥプナカ（里願い）と呼ばれる祈願祭が年三回行われるが、そのうち三回目のプナカにパーントゥが現れる。

パーントゥは親（ウヤ）パーントゥ、中（ナカ）パーントゥ、子（ファ）パーントゥという三体がいて、それぞれの仮面をかぶっている。このうちウヤパーントゥの仮面は島尻集落が面している浜（クバマ）に流れ着いたものとされていて、漂着した際、仮面はクバの葉に包まれていたと伝えられている。パーントゥは異界からやってきた漂流神でもあるわけだ。

パーントゥはキャーンというツル草を身体に巻き、ンマリガーと呼ばれる古い井戸の泥を全身に塗りつけている。では、パーントゥはなぜンマリガーの泥をかぶっているのだろうか。その理由について、沖縄の民俗芸能を数多く撮影した写真家・比嘉康雄はこう論じている。

以前は誕生の時の産水、それに死者もこの井泉の水で清めたという。つまり、この古井泉は人が誕生し回帰していく源郷的な場所ということである。

パーントゥはこのンマリガーから出現するが、ンマリガーの底のヘドロをすくって塗りつけていることを考えると、源郷はンマリガーそのものというより、ンマリガーの底とつながるもっと遠い異界ということであろう。（比嘉康雄『神々の古層4 来訪する鬼 パーントゥ（宮古島）』）

パーントゥ当日、部外者はンマリガーに足を踏み入れることはできない。東京に戻ってから調べてみたところ、入り口には「ンマリガー」と記された石碑が置かれていて、その横の階段を降りたところに小さな池がある。それがンマリガーだ。写真を見るかぎり、泉がこんこんと湧き出るような感じではなく、ちょっとした水たまりといった雰囲気だ。だが、ンマリ（生まれ）ガー（井戸や泉）と呼ばれるこの池の泥をかぶることで、パーントゥは神へと変容するのである。

パーントゥは現在、宮古島の二ヶ所で行われている。旧暦九月の二日間は島北部の島尻地区、旧暦一二月最後の丑の日には島南部の上野地区で開かれる。僕らが訪れたのは島尻のもので、それは二〇一五年一〇月一一日のことだった。

島の中心部にあたる西里の宿泊先から国道八三号線に入り、サトウキビ畑に両側を挟まれたのどかな道を進んでいく。宮古島には山らしい山がないため、道はどこまでも平坦。思わずアクセルを踏みすぎてしまいそうになる。

島尻集落の入り口には「パーントゥの里」を謳った看板が掲げられていて、購買所ではパーントゥ・グッズが販売されている。「秘境の秘祭」という幻想を抱きながら島尻まできたものの、思っていたよりもずっとオープンな雰囲気にかえってホッとしてしまう。

島尻港からは神秘の島と謳われる大神島行きの小型フェリーが出ているため、港にはフェリーの出発を待つ数人の人が並んでいる。そのなかに着物姿の女性がひとり、日傘をさして立っている。まるで映画のワンシーンのような光景だ。

その島尻港のすぐ脇に元島と呼ばれる旧集落跡がある。ここは島尻集落発祥の地とされている場所で、古くからウヤガンなどの祭祀をとり行う祭場でもあった。近年調査が進められていて、一六世紀ごろから人々が生活をしていた遺構や遺物が発掘されているのだという。

このように島尻集落では数百年ものスパンの時間軸が交差しているのだ。宮古島はそういう場所が多く、東京での時間感覚が徐々に捻じ曲がってきてしまう。

ンマリガーに向けて歩いていくと、道の入り口で二〇人ほどのメディア関係者と地元の高校生たちが待機していた。テレビ局のカメラマンに声をかけてみると、どうやら部外者はこの先に入ってはいけない決まりになっているそうだ。かつてはパーントゥがンマリガーで泥を浴びる場面も撮影できたそうだが、現在では原則的に撮影禁止になっている。パーントゥが現れる前、祈願の儀礼などが行われるが、こちらも部外者は見ることができない。

緊張感あるメディア関係者の表情に対し、運動着姿の高校生たちはだいぶリラックスしているようで、入念にストレッチをしている。脚力に自信のある彼らにとってパーントゥは巨大な鬼ごっこみたいなものなのだろう。

一方、宮古島民のなかでもパーントゥのことを恐れている者も少なくない。島在住の友人に「これからパーントゥに行くんですよ」と伝えたところ、「えっ、本当に行くんですか」と驚かれてしまった。「パーントゥは島尻のものだから、外の人間は入っちゃいけないような気がするんですよ」と話す彼の真剣な表情に、僕も思わず縮み上がった。

とはいえ、僕らはすでに島尻まで来てしまったのだ。もう引き返すことはできない。

夕方五時すぎ、ンマリガーから続く細い道の向こう側に、三体の黒い物体が現れた。パーントゥだ！

やはり、黒い。それも単なる黒色というより、青黒く光り輝いているように見える。神聖でありながら、邪悪な黒さをまとった三体のパーントゥが一歩、また一歩とこちらに近づいてくる。メディア関係者と高校生たちが息を呑む。

その瞬間、突然スイッチが入ったかのように三体のパーントゥがバラバラの方向に猛ダッシュしてきた。素早く逃げる高校生たちに対し、真っ先に捕まったのはやはりカメラ

無言で忍び寄る三体のパーントゥ

を抱えた大人たちだ。首根っこを捕まえられ、顔面に泥を塗りつけられるカメラマンたちは、その瞬間「うわ〜っ」と情けない声をあげる。

僕がその光景をカメラに収めていると、すぐ横から別のパーントゥが迫っているではないか。正面から塗りつけると鼻の骨や前歯を折る危険があるからだろう、後頭部を左手で押さえ、おでこのほうから下へとヌルッと泥を塗りつける。その瞬間、僕もまた「うわ〜っ」と情けない声をあげてしまった。

パーントゥに塗りつけられた泥の匂いは不思議なものだった。決して東京のドブのような匂いではなく、絵の具のような香りもする。浜に近く、海水成分が強いからか、塩辛い感じもするし、不思議とミネラルが大量に含まれているような気もする。

そして、その強烈な匂いはネットや文献上の情報からは決してわからないものだった。宮古島に行き、実際にパーントゥの攻撃を喰らうことで初めて体感できるものでもあった。この匂いを実際に嗅ぐため、僕らは宮古島にやってきたのだ。

ンマリガーから飛び出したパーントゥはウパッタヌシバラと呼ばれる元島の拝所に寄っ

たあと、ついに集落へ突入する。そこでは多くの人々がパーントゥを待ち受けていて、あとは夜までひたすら鬼ごっこが行われる。

パーントゥはたびたび集会所に寄って汚泥をかぶるが、そのたびに周囲の人々に向けてゴリラのように泥を投げつける。泥が塗られるのは人だけではない。通りすがりの車や、警備のために配置されていたパトカーまでパーントゥの餌食となる。

パーントゥの恐ろしさが増すのは断然夜になってからだ。街灯がぽつぽつとあるものの、薄暗い島尻の集落のなかを黒光したパーントゥが全速力で駆け抜ける光景はやはり怖い。通り

ンマリガーの泥をかぶったパーントゥの手が迫りくる

の角を曲がったところ、すぐそこにパーントゥがいたときには心臓が止まるかと思った。何度目かの泥をにゅるりと塗りつけられ、僕はまた「うわ〜っ」と情けない声をあげた。

パーントゥの中に入った若者たちの体力に驚かされるが、彼らはまるでガソリンのように各所で酒を呑まされていて、酒の力を借りながら三時間ものあいだ集落内を走り回るのだ。

参加者は観光客よりも宮古島内の人々が多いようにも思ったが、あまりの人数の多さから少々危険を感じる瞬間もあった。規模としては行事を維持できるギリギリのラインとでも言えるだろうか。確かにここに気軽な気持ちでやってきた観光客が紛れ込んでいたら、事故のようなことも起きるだろう。

ンマリガーの泥を塗りつけられたTシャツの匂いは強烈なもので、東京に帰ってから繰り返し洗濯しても匂いが取れることはなかった。島尻の方に聞いたところ、かつてのンマリガーのほうが断然臭かったそうで、これでもずいぶんマシになったのだという。すぐ近くの道がアスファルトで整備されたことで地下水の流れが変わったことが関係しているのではないか、という話だった。

泥のついたTシャツは結局匂いが取れず、そのまま捨ててしまった。今思えば、あれはあれで資料として保存しておけばよかったとも思う。


二〇一五年一〇月一二日。この日は僕を宮古島へと誘ってくれた友人と共に、二日目のパーントゥにお邪魔することになった。

まずは友人のお母様の実家を訪ねた。家の裏には御嶽があって、その前で集落の男たちが車座になって酒盛りをしている。「おお、こっちこい！」という声に引き寄せられるように輪の中に加わると、何の説明もなく紙コップを渡された。大きなポットには泡盛の水割りが入っていて、ドボドボと注がれた。

「はい、自己紹介！」

その声に促されるように、僕は自分がパーントゥを体験するために東京からやってきたこと、僕の隣に座る友人のおかげでここにいることを告げると、「じゃあ、いただきます！」と泡盛を一気に飲み干した。口の中に泡盛の味わいがじんわりと広がり、腹の奥がカーッと熱くなった。

僕の横に座っていた中年男性もまた同じように自己紹介し、泡盛をぐいっと煽る。これが那覇の友人が「気をつけろ」と言っていたオトーリの風習なのである。

隣に座る「先輩」から生きるうえでの心がけについて渾々と語られ、僕は話されるまま相槌を打った。そうこうするうちにオトーリの順番が回ってきたので、先ほどと同じように泡盛を飲み干す。

そんな酒席にもパーントゥはやってきて、一言も言葉を発することなくみんなを泥まみれにしていく。先輩たちは嫌がることもなく、堂々と攻撃を受けると、「ま、呑んでいけ」と紙コップをパーントゥに渡す。パーントゥは慣れた手つきで仮面をずらすと、酒をぐいっと煽り、何事もなかったように次の現場へと向かうのである。

僕はここで、集落の中に入るとパーントゥの見え方が違うことに気づいた。ひたすら追いかけられるだけだった前日に比べると、パーントゥが家々の悪霊を祓うための儀式であることを肌身に感じるようになるのだ。だからなのか、前日はあれほど嫌だったパーントゥの攻撃が、この日は不思議と嬉しく感じたものだった。

ああ、大丈夫だ。パーントゥがやってきたから、きっと明日はいい日だ。前日には感じなかったそんな気持ちが湧き上がってきたのである。パーントゥもまた生き続けるための儀式なのだ。

——僕の記憶はこのあたりでぷっつり途切れている。何度目かのオトーリを喰らうことで完全酩酊状態。素面の妻が車を運転してくれたおかげで宿泊先まで帰ることができたけれど、どのように帰ったのか何ひとつ覚えていない。

あとから聞いたところによると、オトーリの輪のなかで馬鹿正直に泡盛を飲み干していたのは僕だけだったそうで、他の先輩や友人たちは何口か口をつけただけで、残りを庭に撒いていたらしい。

パーントゥは宴会の場にもやってくる

なんてことだ！

こうして初めてのパーントゥ体験は終了となった。残されたのはンマリガーの強烈な匂いと人生史上最悪の二日酔い。一度感覚に刻み込まれたものはなかなか失われることはなく、僕は今もあの匂いと胃のむかつきを鮮明に思い出すことができる。

参考文献

比嘉康雄『神々の古層4 来訪する鬼 パーントゥ（宮古島）』（ニライ社）

谷川健一・編『日本の神々：神社と聖地 第13巻』（白水社）

平良市史編纂委員会・編『平良市史 第7巻（資料編5民俗・歌謡）』（平良市教育委員会）

『沖縄研究ノート 南島における民族と宗教 第29号』（宮城学院女子大学）所収、今林直樹「沖縄県宮古島市島尻地区のパーントゥに関する宮良保氏（島尻自治会会長）へのインタヴュー」

# おわりに

この本で取り上げた一八の祭りの多くは、二〇一六年の『ニッポンのマツリズム』以降の数年間に体験したものだ。その間、まるで熱病にかかったかのように各地を走り回り、ここで取り上げることのできなかったものも含めてかなりの祭りや民俗芸能を見て回った。だが、僕はそこでとあることに気づく。かつて自分にとっての「非日常」だったはずの祭りが、いつのまにか「日常」になっていることに。そのころにはスタンプラリーのように各地の祭りを回ることにどこか違和感のようなものを感じるようになっていたし、心身ともに体調が悪く、これは「日常」と「非日常」が反転したことが原因なのではないかと考えるようになった。

以降、「日常」と「非日常」のバランスを保ちながら、現在まで——さまざまな伝承歌やローカルな文化コミュニティーといったライフワークの取材を続けると共に——各地の祭り探訪を続けている。年間を通じて各地でハードなフィールドワークを続ける研究者や祭りフリークの方々には頭が下がるばかりだ。

よその地に出かけていって、ストレスを発散し、日常に戻る。これだけではある地域の文化資源を消費しているだけにすぎない。肝心なのは「日常に戻ったとき、祭りで受け取ったものをどう活かすことができるのか」という点ではないだろうか。

祭りは大事なことを教えてくれる。命のこと、地域のこと、祈ること、歌うこと、踊ること、受け継ぐこと、伝えること、生きること。祭りの場で受け取った物事は、この世界を生き抜くうえでの大切なヒントになるはずだ。これはとても重要なことだと思う。

また、祭りを体験することで生命力が回復するように、思考も活性化される。SNSやテレビ漬けの日々を送っていると、思考は閉じこもり、硬直してしまう。だが、祭りの場にいると、自分の思考が解きほぐされ、開かれていくような感じがするのだ。

私たちは考え続けなくていけない。考え続け、行動することで世界は少しだけ変わっていく。祭りはそのきっかけになるのではないだろうか。

各地の関係者のみなさま、協力者のみなさまに心から感謝しております。編集担当の産業編集センター及川健智さん、及川さんと僕を繋げてくれたカルロス矢吹さんのおかげで本書は形になりました。心から感謝申し上げます。また、本書は雑誌『ディスカヴァー・ジャパン』の連載「あなたの知らないニッポンの祭り」で取り上げた祭りが大半を占めている。あの連載がなければ、本書もなかったはずだ。当時の担当編集者だった武山直生さんにも感謝しております。

地域と風土をテーマとする僕の旅はこれからも続きます。どこかの町でお会いしましょう。

二〇二四年一月　大石始

**大石始**（おおいし・はじめ）

1975年東京都生まれ。文筆家。旅と祭りの編集プロダクション「B.O.N」主宰。世界各地の音楽や祭りを追いかけ、地域と風土をテーマに取材・執筆を行っている。著書に『盆踊りの戦後史』（筑摩書房）『奥東京人に会いに行く』（晶文社）『ニッポンのマツリズム』（アルテスパブリッシング）『ニッポン大音頭時代』（河出書房新社）『南洋のソングライン 幻の屋久島古謡を追って』（キルティブックス）など。愛猫家。

わたしの旅ブックス

053

異界にふれる ニッポンの祭り紀行

2024年5月21日第1刷発行

著者――――大石始

撮影――――大石慶子

デザイン――――松田行正＋杉本聖士（マツダオフィス）

DTP ――――Isshiki

編集――――及川健智（産業編集センター）

発行所――――株式会社産業編集センター
〒112-0011
東京都文京区千石4-39-17
TEL 03-5395-6133　FAX 03-5395-5320
https://www.shc.co.jp/book

印刷・製本 ――――株式会社シナノパブリッシングプレス


ISBN978-4-86311-405-0 C0026

013
ダリエン地峡決死行
北澤豊雄
コロンビアとパナマの国境、ゲリラや麻薬組織が往来する道なき道を歩いて踏破しようとした一人の男の挑戦。

018
海外旅行なんて二度と行くかボケ!!
さくら剛
大失敗経験豊富な著者が、〝一人旅で出くわす、よくあるトラブル〟を語る抱腹絶倒の旅行記。

047
花嫁を探しに、世界一周の旅に出た
後藤隆一郎
離婚でどん底に落ちた敏腕テレビディレクターが花嫁探しの旅に出た！　抱腹絶倒・感慨無量の初著作。

049
罪深きシリア観光旅行
桐島滋
一介の旅行者として入国した著者が見た戦下の国シリアの今。異色の旅行記であるとともに、問題提起の一冊。

050
インド超特急！カオス行き
嵐よういち
広大な亜大陸を飛行機やバスを使わず列車だけで一周できるか？　一筋縄ではいかない混沌のインド列車紀行。

051
タバコの煙、旅の記憶
丸山ゴンザレス
危険地帯ジャーナリストが旅先の路地や裏社会取材の合間にくゆらせたタバコの煙のあった風景を綴ったエッセイ。